司馬遼太郎 愛国心を語る

RYUHO OKAWA
大川隆法

JN254669

まえがき

今の日本の政治で、正面から正々堂々《せいせいどうどう》と議論できないのが、「愛国心」であり「国益」である。この点、残念でならない。

司馬遼太郎《しばりょうたろう》氏亡く、渡部昇一《わたなべしょういち》氏亡き後、誰かがこの穴を埋《う》めなくてはなるまい。

今の日本の国会で、「愛国心」を語り、「国益」を語って、ジャーナリズムに報道されて、持ちこたえられる政治家が何人いるか。

日本という国家が、周辺国からハラスメント（嫌《いや》がらせ）を受けて国民が傷ついても、何も言い返せず、個人のハラスメントについては「99・9」％有罪の報道をする。今一度、武士道精神の復活が必要ではないか。

一億総自己保身のかたまりになってはなるまい。

二〇一八年　四月二十五日

幸福《こうふく》の科学《かがく》グループ創始者兼総裁《そうししゃけんそうさい》　大川隆法《おおかわりゅうほう》

司馬遼太郎　愛国心を語る　目次

司馬遼太郎《しばりょうたろう》　愛国心を語る

二〇一八年四月十九日　収録
東京都・幸福の科学総合本部にて

1　司馬遼太郎なら、今、何を言うか　17

「霊言現象《れいげん》」とは、あの世の霊存在の言葉を語り下ろす現象のことをいう。これは高度な悟《さと》りを開いた者に特有のものであり、「霊媒現象《れいばい》」（トランス状態になって意識を失い、霊が一方的にしゃべる現象）とは異なる。

なお、「霊言」は、あくまでも霊人《れいじん》の意見であり、幸福の科学グループとしての見解と矛盾《むじゅん》する内容を含《ふく》む場合がある点、付記しておきたい。

司《し》馬《ば》遼《りょう》太《た》郎《ろう》　愛国心を語る

二〇一八年四月十九日　収録

東京都・幸福の科学総合本部にて

司馬遼太郎《しばりょうたろう》（一九二三〜一九九六）

日本の小説家、評論家。大阪《おおさか》市生まれ。大阪外国語学校（現在の大阪大学外国語学部）蒙古《もうこ》語学科卒。産経新聞の記者を経《へ》て作家となる。『梟《ふくろう》の城』で直木賞《なおきしょう》受賞。代表作に『竜馬《りょうま》がゆく』『坂の上の雲』『街道《かいどう》をゆく』等がある。

質問者　※質問順

里村英一《さとむらえいいち》（幸福の科学専務理事〔広報・マーケティング企画《きかく》担当〕兼《けん》ＨＳＵ講師）

綾織次郎《あやおりじろう》（幸福の科学常務理事　兼　総合誌編集局長

兼「ザ・リバティ」編集長　兼　ＨＳＵ講師）

吉川枝里《よしかわえり》（幸福の科学総合誌編集局副局長　兼「アー・ユー・ハッピー？」編集長）

［役職は収録時点のもの］

1　司《し》馬《ば》遼《りょう》太《た》郎《ろう》なら、今、何を言うか

日本を取り巻く「時代の流れ」を鳥瞰《ちょうかん》する

大川隆法　司《し》馬《ば》遼《りょう》太《た》郎《ろう》先生の霊言《れいげん》としては、前回、二〇一二年（一月二十四日）に公開収録して、『司馬遼太郎なら、この国の未来をどう見るか』（幸福の科学出版刊）という本にして出しています。当時は、民主党政権の野田《のだ》（佳彦《よしひこ》）首相のころでしたので、それから六年ぐらいたちました。

その間、自民党政権に替《か》わり、安倍《あべ》政権が続いていますけれども、それも何かぐらついてきていますし、日本を取り巻く状況《じょうきょう》も少し変化してきています。そこで、「あまり目先の話になりすぎてもいけないかな」とは思いつつも、「大局的な目とい

『司馬遼太郎なら、この国の未来をどう見るか』（幸福の科学出版刊）

うか、鳥瞰《ちょうかん》する目で、司馬遼太郎先生から何かメッセージを頂けたらよいのではないか」と思っています。

また、「愛国心」についても、一度、訊《き》いてみたい気もします。今の若い人たちには、愛国心と言っても「何なの？」という感じで、分からないかもしれないからです。

司馬先生が亡《な》くなられたのは一九九六年ですが、ついこの前だったような気がします。「えっ、亡くなられたの？　惜《お》しい。もったいないな。もう少し長生きをされたら、もっとたくさんの作品を書けたのに」と思いました。

気がつけば、そのころに生まれた人が、今、新卒の社会人として入ってくるぐらいになっているので、「この方も忘れ去られていくのかな」という感じもするのですが、「司馬先生には、言いたいことがまだおありではないか」と思います。

司馬遼太郎の霊《れい》に再び、「日本の今」と「愛国心」を訊《き》く

大川隆法　冒頭《ぼうとう》で私があまり長く語ることはやめて、司馬先生のお考えをできるだけ多く引き出せたらよいかと思います。

もちろん、「現今《げんこん》の問題」というのは、すぐ古くなってしまうものですが、それについても司馬先生にお訊《き》きになってよいと思います。また、「古くならないもの」についても、できたら訊いていただければ幸いかと思います。

前回の収録は、「ご著書のなかの登場人物として、『花神《かしん》』『竜馬《りょうま》がゆく』『世に棲《す》む日日《ひび》』の〝主役〟から質問させていただきます」という少し変わった企画《きかく》であり（笑）、一般《いっぱん》読者にとっては、「何ですか、それ？」という感じだったかもしれません。幸福の科学の内部の人にしか分からない話ではあったのです（注。前回の質問者三名の過去世《かこぜ》は、それぞれ、大村益次郎《おおむらますじろう》、坂本龍馬《さかもとりょうま》、吉田松陰《よしだしょういん》である）。

今日（二〇一八年四月十九日）は、広報と編集系の方が質問者として出てきてい

るので、もう少し普遍《ふへん》的なものと、それから、多少、記事のネタになるものと、その両方を同時に聞けるのではないかと思います。

それでは、早めに始めます。

（合掌《がっしょう》して）司馬遼太郎先生。

司馬遼太郎先生。

六年ぶりになります。

幸福の科学総合本部に降りたまいて、この国のあるべき姿や愛国心、これから先についての考え方等に関し、お教えくだされば幸いであります。

司馬遼太郎先生。

司馬遼太郎先生。

よろしくお願いします。

（約十秒間の沈黙《ちんもく》）

司馬遼太郎（1923 ～ 1996）

戦国時代や幕末など、日本の変革期を取り上げた歴史小説は数多くのファンを生み、代表作の『竜馬がゆく』の累計発行部数は 2500 万部以上、『坂の上の雲』は 2000 万部以上を誇る。

日本の近代史全体が否定的に捉えられていた戦後において、明治時代を明るく肯定的に描いた作風は、日本人の歴史観に大きな影響を与えた。

（左下写真）東大阪市の司馬遼太郎の自宅に隣接して建てられた「司馬遼太郎記念館」。

（右下写真）『坂の上の雲』ゆかりの地である愛媛県松山市に建つ「坂の上の雲ミュージアム」。

2 〝週刊誌政治〟と嫉妬心《しっとしん》

小さくなった日本の政治

里村　おはようございます。

司馬遼太郎　うん。

里村　司馬遼太郎先生でいらっしゃいますでしょうか。

司馬遼太郎　うん。

里村　本日は、司馬先生の前回の霊言《れいげん》（前掲《ぜんけい》『司馬遼太郎なら、この国の未来をどう見るか』）から、ほぼ六年ぶりに、再びご降臨《こうりん》を賜《たまわ》りまして、まことにありがとうございます。

司馬遼太郎　うーん。

里村　前回の霊言のときには、時代は民主党政権の末期であり、急速に日本が左傾《さけい》化し、「左」の力が強くなっている時代でした。その後、自民党が政権与党《よとう》に復帰しましたが、安倍《あべ》政権の流れのなかで、「若干《じゃっかん》、戻《もど》しもあるかな？」という状況《じょうきょう》ではあります。

おそらくは司馬先生もご存じかと思いますが、さまざまな政治的問題が急速に噴《ふん》出《しゅつ》し、日本国内では左翼《さよく》メディアや市民運動を中心に現政権への批判が強まり、日本の行く末が危《あや》うくなっているように感じられます。

司馬遼太郎　うーん。

里村　六年前からの時代の変化と、今の日本のさまざまなゴタゴタを、天上界《てんじょうかい》から、どのようにご覧になっているのでしょうか。まず、そのへんからお話をお伺《うかが》いできればと思いますので、よろしくお願いいたします。

司馬遼太郎　うーん。「何だか小さくなったな」っていう感じがするなあ。政治が小さくなったかなあ。今こそ、大局観がもっと必要なときなのに、何だか、小さいところで引っ張り回しているように見えて、しょうがないなあ。

過ぎゆくことではあろうと思うけれども、まあ、〝週刊誌政治〟なのかねえ。でも、〝週刊誌政治〟と言いつつも、それに全体が引っ張られている感じもする。嫉妬心《しっとしん》がまた強くなってきたね、国全体で。

里村　ああ、なるほど。

司馬遼太郎　「嫉妬心が強くなってきたな」っていう感じがするから、また左翼待望論が出てくる流れかな。嫉妬心が強い。いろいろなところで「嫉妬心が強いな」っていう感じが出てくるから、ほんとは、あまりうまくいっていないんだろうなあ。だから、「安倍さんが、中身があるように見せて〝綿菓子《わたがし》〟を売っとった」という感じかね（笑）。そんなふうに見ているのかな。

そこのところに責任が及《およ》ばないように、ほかのところで、いっぱい問題が出ているみたいな感じにも見えなくはないがな。

でも、何か小さいなあ、考えがなあ。

「変わる世界」と「変わらぬ日本」

里村　その「小さい」というものを、もう少し具体的に……。例えば、どの時代と比べて小さいとか、もし事例がございましたら、お教えいただければと思います。

司馬遼太郎　だからさあ、今、（安倍首相は）アメリカに行っているんだろう？

里村　はい。

司馬遼太郎　けど、もう、去年（二〇一七年）と今年では、だいぶ様変《さまが》わりだわなあ。まだ去年は日本も共同主役の一人ではあったんだろうがな。今年は、もう〝蚊帳《かや》の外〟になりつつあって、オブザーバーになりつつあるわなあ。

一国のトップなら、〝大きな弾《たま》〟、巨弾《きょだん》を国際政治に撃《う》ち込《こ》んでほしいときなのに

●アメリカに行って……　2018年4月17、18日（現地時間）、安倍首相は米国フロリダ州でトランプ大統領と日米首脳会談を行い、北朝鮮問題や経済問題等について話し合った。

さ、自分の奥《おく》さんや友達が絡《から》んだ利害問題みたいなので引きずり回されているし、裾野《すその》にいる人たちのクビをはねるみたいなことを、マスコミがつついてやっていて、何か〝積み木崩《くず》し〟をやろうとしているような感じかな。

そのマスコミのほうも、そうやっておりつつもなあ、自分らができないことの腹いせに、何かほかのことをやって時間潰《つぶ》しをしている感じにも見えるよな。堂々たる主張が出せないから、そういうところのほうに逃《に》げを打ち、何か仕事をしているように、国民に見せているようにも見えるわな。

安倍さんは安倍さんで、長期政権だけが目的になってきたように見えなくもないわな。

だから、また、もとの日本っていうか、混沌《こんとん》の日本というか、戦後のグチャグチャした感じに戻したいのかなあ。世界のほうは変わってきているんだが、それについて、この国は対応して変化することができないでいる。そういう感じかな。

こういうときに、「骨太《ほねぶと》にズバッと国を背負って立つ男」が欲《ほ》しいところだけどなあ。
何か、言葉のちっちゃい戦いが多くてさ。私も言葉で仕事をしていたから、あまり言いたくはないが、つまんないなあ。

国家の根本《こんぽん》について、「骨太《ほねぶと》の議論」が欲《ほ》しい

里村　実際の問題として、例えば、（自衛隊のイラク派遣《はけん》部隊の）日報に関し、防衛省は「残っていない」と言っていたのに、実はあって、公開になったとか……。

司馬遼太郎　いやあ、つまらない。

里村　（獣医《じゅうい》学部の新設に関して）「首相案件」という言葉が使われることは、ある意味で、特区の案件だから当然なのですが、それを、とにかく、ひたすら否定したりとか……。

司馬遼太郎　忖度《そんたく》、〝忖度政治〟？

里村　はい。

司馬遼太郎　日報……、あれは自衛隊か。

里村　はい。自衛隊ですね。

司馬遼太郎　（自衛隊がイラクに）行って、（そこで）戦闘《せんとう》があったか、なかったか？

里村　はい。

司馬遼太郎　日報に書いておったのを、「なかった」ことにした。

里村　ええ。

司馬遼太郎　戦闘行為《こうい》があるところに自衛隊はいないことになっているから（笑）、「戦闘はなかった」と。そんなことはないよなあ？　行ったら、砲弾《ほうだん》が飛び交《か》うことはあろうな。

そもそも、「戦争があるところに自衛隊は行けない」っていうことなら、そんな自衛隊は要《い》らないよ（笑）。なあ？

里村　はい。

司馬遼太郎　そもそも要らないから。

だから、それは、「護《まも》る気があるのか」っていうことだ。（自衛隊は）外国まで護る気はないのかもしらんけれども、国民だって護れるのかどうか、分からないよ。

根本《こんぽん》のところが議論にならないもんね。根本が議論にならないからさ。

そして、頭は動かないままで、立憲民主党から共産党まで「憲法九条死守」を掲《かか》げて、そのワンパターン、〝南無妙法蓮華経《なむみょうほうれんげきょう》〟で攻《せ》めている感じはするわな。

「世界は今どうなっているんだい？」っちゅうところだよなあ。

それと、左翼が現政権を批判するのは別に構わんけどさ、だったら、北朝鮮《きたちょうせん》だ、韓国《かんこく》だ、中国だ、アメリカだ、ヨーロッパだ、それらの動きについて、やっぱり、的確な意見をもうちょっと述べていただかないと、おかしいんじゃないかなあ。

里村　今、司馬先生がおっしゃったような、ある意味で非常に俯瞰《ふかん》する見方からしますと、今年は「明治維新《いしん》百五十周年」でございます。

司馬遼太郎　そうか。

里村　司馬先生が非常に力を入れられた時代の一つである幕末には、アメリカやロシア、フランス、イギリスがドッと日本に来ました。当時の日本は鎖国《さこく》主義でもって、一度、それに対抗《たいこう》しましたが、結局、大きな時代の変化を迎《むか》えました。

現在は、アメリカやロシア、中国、北朝鮮、韓国に対し、日本は「一国平和主義」のまま国を護ろうとしている感じですが、ある意味で、「幕末の図式に非常に似てきているのではないか」という印象を私は受けているのです。これについては、いかがでございましょうか。

司馬遼太郎　まあ、どうかなあ。

民主党政権ができたときだって、彼らは革命をやっているつもりでいたかもしれないからねえ。

安倍さんは、憲法九条の改正ができたら、それが革命のつもりでいるんだろうけれども、(憲法を)変えられようが変えられまいが、やるべきことはやらないといかんから、既成《きせい》事実でやるか、法律でやるか、そんなことだろう。

「平成」が終わろうとしているときだよな。やっぱり、「骨太《ほねぶと》の議論」が欲《ほ》しいところだけど、とにかく逃げを打っているからさあ。

うーん。〝終身主席〟を目指している習近平《しゅうきんぺい》とか、プーチンとか、〝西部劇〟丸出しのトランプとか、頭がいいんだか〝狂犬《きょうけん》〟だか分からない金正恩《キムジョンウン》とか、こんなのがいっぱいいるなかにあって、こんなことで大丈夫《だいじょうぶ》かね、この国は。ああ? 心配だよ。

嫉妬心《しっとしん》が強いと「国益」を損《そこ》なう

里村　確かに、今、司馬先生がおっしゃったとおり、政府や与党は本質的な議論を避《さ》けて、すぐ通りやすい話をしますし、一方、攻撃《こうげき》する野党のほうも、本質の問題ではなく、いわゆるスキャンダルなどの追及《ついきゅう》をずっとやっています。「なぜ、こんな方向に、この国が行っているのか」という……。

司馬遼太郎　流れがさ、「朝日対安倍さん」の、どっちが相手を殺す（倒《たお》す）かみたいな感じだけになっている。現象としては、そういうところがあるかもしらんけど、それを超《こ》えていなきゃいけないんじゃないのかね。（必要なのは）「この国のあるべき姿」についての議論じゃないのかね。

倒す相手が安倍さんだったら、それは時間の問題で、いずれ、いなくなるとは思うけどさあ。

朝日（新聞）の部数は減っているかもしれないけど、朝日だけじゃなく、週刊誌だって、ほかの新聞社だって、テレビ局だって、今は、「これから先の時代にどうなるか」は分からないわなあ。小さなメディアがいっぱい乱立してきているからねえ。いつ潰れるか、どこも分からない状態にはなっているわな。
そして、全体には、「税金の使い途《みち》」について、またうるさくなってきているので、民主党政権ができる前の感じにちょっと似ているかなあ。

里村　そうしたところが、最初に司馬先生がおっしゃった、「嫉妬心《しっとしん》がまた強くなっている」ということでしょうか。

司馬遼太郎　強いんじゃないかなあ。何か強い。
いや、検査すべきものは検査しなきゃいけないとは思うが、「国益」っていうものには、かなり大きいものがあるからね。それには、お金には換《か》えられないものがあるからさあ。

3　保守の英雄像《えいゆう》

渡部昇一《わたなべしょういち》の死と左翼《さよく》系の巻き返し

司馬遼太郎　それから、私は詳《くわ》しくは知らないけどさ、「明治維新《いしん》っていうのは過《あやま》ちだ」みたいな感じの、明治維新以降の歴史を全部否定しようとする動きも、国内で出てるじゃないか。

里村　はい。

司馬遼太郎　何か、「(明治維新は)全部間違《まちが》いだったんだ」って、「その結果が、第二次大戦の敗戦になって、こんな国になっちゃった」っていうような感じなんだろう？
だから、私の言う「司馬史観」みたいなものが、二十二年たって、もうそろそろ引っ繰《く》り返されようとしているのかなあ。

里村　はああ、なるほど。
確かに、マスコミ、あるいは出版等の動きで、明治維新を起こしたのはテロリスト集団であったかのような受け止め方をするものが、けっこうベストセラーになったりしていて、そういう考え方が、現在やや広がり始めています。

司馬遼太郎　人間が小さくなって、卑《いや》しくなってるような感じが、私にはするんだけどねえ。さもしい感じかなあ。
お金の問題として、（森友《もりとも》・加計《かけ》問題等の）「何億」っていうのは、庶民《しょみん》にとっては大きいことだろうけどさ。ただ、何て言うかなあ。何か、つまんねえなあ。

里村　司馬先生が帰天《きてん》されてから二十二年ほどたっているのですが、やはり、日本は悪い方向に行っているのでしょうか。また、二〇一二年の前回の霊言《れいげん》のときと比べて、より小さくなっている感じがしておられるのでしょうか。

司馬遼太郎　まあ、だから、退屈《たいくつ》して、すぐにチョコチョコチョコチョコと、いろんなものを動かしたがるんだろうけどさ。とにかく、目先の食っていくことしか考えていないのかな。知らんけど。

ついこの前は、小池《こいけ》（百合子《ゆりこ》）都知事を持ち上げるのをちょっとやっとったけど、飽《あ》きちゃったら、もう、何にもなしでなあ。

里村　はい。

司馬遼太郎　流れ的に見たら、「平成の終わり（天皇譲位《じょうい》）」と、「下半身攻撃《こうげき》」と、「お金の攻撃」等で、憲法改正をさせないように、左翼《さよく》系の言論が巻き返しに入っている。

里村　はい。

司馬遼太郎　去年、●渡部昇一《わたなべしょういち》さんが亡《な》くなったのなんかが、一つのエポックメイキング（画期的）なことかもしらんけども、ちょっと、保守系の言論人が、そろそろ年を取っていなくなりつつある隙《すき》に、何か、また巻き返しが入ってきたのかなっていう感じはするなあ。

綾織　まさに先日、渡部昇一先生の一周忌《き》がありま

●渡部昇一（1930～2017）　英語学者、評論家。上智《じょうち》大学名誉《めいよ》教授。上智大学大学院修士課程修了後、ドイツのミュンスター大学、イギリスのオックスフォード大学に留学。帰国後、英語学をはじめ、保守系言論人として幅広い評論活動を行った。『英文法史』『渡部昇一「日本の歴史」』（全7巻）など、著作多数。

したけれども。

司馬遼太郎　そうだなあ。

日本はトランプ大統領に檄《げき》を

綾織　そういう骨のある言論人が、なかなか乏《とぼ》しくなってきているなかで、もし、司馬先生が今地上にいらっしゃって、特に政治に関して、どのような議論をすべきかということを発信されるとしたら、何を述べられますでしょうか。

司馬遼太郎　いや、毎日毎日、ニュースが変わっていくからさ。私が言ったことも、そんなに……、〝日報〟を出すわけにいかないからさあ（笑）、こっちも。まあ、その時々のあれにもよるけど。

いやあ、安倍《あべ》さんがフロリダか何かへ行って、またやっているけど、まあ、どうだろうね。自分らの政権浮揚《ふよう》を考えて、あと、アッキー（安倍昭恵《あきえ》）夫人のイメージを回復したりするようなことも頭にあるんじゃないかとは思うけど。

いや、実は、トランプさんに檄《げき》を飛ばさないといけないときなんじゃないかと。

里村　はああ。

司馬遼太郎　自分らのほうが弱いからさあ、今、イメージ戦略で、ちょっと上げればいいみたいな感じになっとるが。

トランプさんのほうも、シリアにちょっと●またミサイルを撃《う》ち込《こ》んだら、アメリカの左翼、リベラル系から、また反対デモとかいろいろやられて、「これで終わりだ」とか言っているけどさ。

あれも、平和路線みたいな感じで北朝鮮《きたちょうせん》を終わらせれば、中間選挙で勝って、カリフォルニア州あたりを中心にした、左翼の映画人たちの反対運動みたいなのを、

●シリアにちょっと……　2018年4月13日、トランプ大統領は、シリアのアサド政権が化学兵器を使用したと断定し、化学兵器関連施設への精密攻撃を命じ、複数の施設に対する攻撃を実施した。翌14日、トランプ大統領はツイッターに「任務は完了した（Mission Accomplished）」と投稿している。

ちょっとなだめに入ろうと……。自分自身のスキャンダルも、揉《も》み消さなきゃいかんしさあ。ちょっと、そういう気持ちが今あるようには見えるから。

里村　はい。

司馬遼太郎　やっぱり、そんな簡単にねえ……。「ほらっ、アメリカの大統領だろう？　しっかりやれ！」と、尻《しり》を蹴《け》飛《と》ばすぐらいでないと駄目《だめ》なんじゃないかなあ。

綾織　確かに、米朝の首脳会談をトランプ大統領がやると決断したにせよ、北朝鮮の問題は、もともとは金正恩《キムジョンウン》氏が仕掛《しか》けたものであるので。

司馬遼太郎　駄目だよ、あれ。あんなので平和会談なんかしちゃったら、もう〝手打ち〟じゃないか、事実上。

綾織　はい。

司馬遼太郎　アメリカの威信《いしん》はなくなるよ。国内のメディアが足を引っ張っているのは、あっちも一緒《いっしょ》だろうけど、今やらないと。今あそこを叩《たた》かないと、のさばって、体制維持をさせてしまう。

今の国務長官か？　確か、ＣＩＡの長官とかをやっていた……。

綾織　はい。ポンペオ氏ですか。

司馬遼太郎　ポンペオ？

里村　はい。

司馬遼太郎　ポンペイ？

里村　ポンペイじゃないです（笑）。

司馬遼太郎　ポンペイじゃない？　ポンペイのほうが分かりやすいな。

ポンペオなんかは、あんな平壌《ピョンヤン》まで行ってさあ、〝朝貢《ちょうこう》〟して向こうと話す必要なんかないのに、次の交渉《こうしょう》を逃《のが》れられないでしょう？　タカ派でいなきゃいけない人なんだろうけどさあ。それはね、「ミサイルをぶち込むかもしれない恐《おそ》ろしい人」でなきゃいけないわけだからさ。

林真理子《はやしまりこ》史観の「西郷《せご》どん」を叱《しか》る

司馬遼太郎　だから、あんな根回しでねえ。今のくっだらない、林真理子《はやしまりこ》の「西郷《せご》

●平壌まで行って……　次期米国務長官に指名されている米中央情報局（CIA）長官のマイク・ポンペオ氏は、2018年3月31日から4月1日にかけて北朝鮮を訪れ、金正恩氏と会談した。

どん」（二〇一八年放送のＮＨＫ大河《たいが》ドラマ）みたいな。

里村　（笑）

司馬遼太郎　そんなことするなよ。あんなくっだらない……。

綾織　くだらないですか（笑）。

司馬遼太郎　似てるじゃないか、なんか感じが。

綾織　なるほど。
　司馬先生は「西郷どん」をご覧になっているわけですね。

司馬遼太郎　いやあ、腹立ってしょうがないわ。

綾織　そうですか。

司馬遼太郎　司馬史観に基《もと》づく西郷《さいごう》をやっていただかないとさあ。あんな林真理子なんかが西郷を書くような、もう、何という時代だ。

綾織　まあ、すごく元気のいい……。

司馬遼太郎　もう、ルンルンを買っておうちに帰れ！（笑）

里村　（笑）

司馬遼太郎　まあ、何と言うか、レベルがグーッとこう下がっているわなあ、ほんっとに。

里村　金正恩《キムジョンウン》を「水責《ぜ》め」に

司馬先生は、今の司馬先生のお言葉で思い出したのですけれども、六年前の霊言のときに、「薩長《さっちょう》同盟というのは、敵同士が同盟したのだ」と。

司馬遼太郎　ああ、ああ。

里村　「現代で言えば、北朝鮮のトップとアメリカのトップが友達になるようなことがあったら『そんなバカな』という話だ」、また、「日本の平和、すなわち、日本の命綱《いのちづな》は日米同盟だけである。この重要性を理解しなければいけない」という趣旨《しゅし》のことを非常に強くおっしゃっていました（前掲《ぜんけい》『司馬遼太郎なら、この国の未来をどう見るか』参照)。

今のお話を聞くと、やはり、この米朝の急激なつながりというのは、日本にとっても非常にマイナスの部分が大きいとお考えなのでしょうか。

司馬遼太郎　あのねえ、アメリカがさあ、国内世論《せろん》やマスコミへの迎合《げいごう》もあろうけど、(北朝鮮に対して)「対等の国家」みたいにやっちゃいけないよ。これは駄目だよ。対等にやられたら、もう、日本なんか、ほとんど立場がなくなるじゃないか。そうだろう?

もう完全に日本は無力化して、「拉致《らち》された人を返してくれ」とお頼《たの》みして、何人か返ってきたら「成果だ」とか言うぐらいの、そんな小さいところで終わってしまうだろうけど、長期的な問題は、そんなものじゃないだろう?

あんな小国でさえ、何て言うか、富国強兵……、「富国」にはなっていないけど、「強兵」をやっている。(日本が)中国にやられる可能性はあると思ったが、まさか、北朝鮮に脅《おど》されて、国が滅《ほろ》びるかも分からないなんていう危機が来て、避難《ひなん》訓練をやっているんだよ、去年から。

里村　はい。

司馬遼太郎　サイレンが鳴って。わしらは、その時代にいたけどさ、青年時代。サイレンが鳴って、空襲《くうしゅう》警報っていうのは、どういうことかっていうのを知っている世代だからね。

それをやっていたり、地下鉄が止まったり、新幹線が止まったりするような時代が来ていてさ、この国のマスコミらは何の反応もない。政治家たちも、まったく、もう「ただの避難訓練だ」と思っているんだろうな。「いつもの、毎年のあんな感じの」って。（意味が）分かっているのかと。

ちょっとねえ、トランプさんのお尻にスカッドミサイルを撃ち込むぐらいのつもりでいかないと。〝浣腸《かんちょう》〟してやらないと駄目だねえ。

里村　うーん。

司馬遼太郎　アメリカのトップが、そんなにねえ、ノコノコと、よその国まで出かけていって、モンゴルだか中国だか、あるいはロシアだか知らんけど、近辺のどっかの国で会談するなんて、そんなことしちゃ駄目だよ。

「来るのなら、アメリカ本国に来い。それ以外に、おまえの生き残る道はない」

って言うぐらい強くないと。

アメリカに、もし金正恩《キムジョンウン》が来たらね、そこでもう、しょっぴいて、何かあるじゃないか、泥《どろ》を吐《は》かせるための処刑場《しょけいじょう》じゃないわ、刑務所？　何かあったじゃない。いったん閉鎖《へいさ》されたのか知らんけど。

里村　グアンタナモ収容所です。

司馬遼太郎　うん。そこに引っ張っていってさあ、もう、そらあ水責《ぜ》めだよ。水責めにして、悪事の数々を吐かせて、やつを吊《つ》り下げて水に浸《つ》けている間に、空軍が行って〝北爆《ほくばく》〟だよ。彼が（核《かく》の）ボタンを押《お》せないときに、もうガンガンに叩いてしまって、ぶっ潰《つぶ》してしまわなきゃ駄目だよ。国民が残っていれば、政府なんかいくらでもつくれるんだから。

彼の体制維持の〝約束手形〟を切ってから、「どこまでやめさせようか」っていうような、「核の開発を一時止める」とか、「長距離《ちょうきょり》ミサイルの発射実験を一、二年凍結《とうけつ》する」とか、どうせそんなところを「落としどころ」に考えていて、迷っている可能性がかなり高いからさあ。

だから、アメリカでも解決できないんだったら、もう、これは止まらないよ。今、この状況《じょうきょう》で、日本独自でできるかい？

里村　うーん。

投票箱から英雄《えいゆう》は出ない

綾織　大きな流れで見ると、金正恩氏と中国の習近平《しゅうきんぺい》氏との会談も行われていて、「北朝鮮のバックには中国がいるんだぞ」ということを見せつけています。

司馬遼太郎　だから、「中国の時代」を待っているんだろう？

綾織　はい。

司馬遼太郎　アメリカに勝てる時代が来るまでの間、時間稼《かせ》ぎの計算だろう？「アメリカの大統領は、もう短い」と見ているからね。

里村　はい。

司馬遼太郎　あちらは「終身制」だからね、（中国、北朝鮮の）両方とも。ハハッ（笑）。両方、終身制だから、病気で死なないかぎり、あるいは暗殺されないかぎりは、いけるからさ。

里村　はい。

司馬遼太郎　冬季オリンピックで、うまいこと引っ掛けられたよなあ。「鮎《あゆ》の友釣《ともづ》り」みたいなのをやられちゃったね。まあ、あのオリンピックも、ちょっと〝罪〟なもんだよなあ。

里村　六年前に、司馬先生は霊言のなかで、「北朝鮮に脅されるような、そんなバカな時代にならないように」ということで、非常に心配されていたのですが、今のお怒《いか》りの感じを見ると、むざむざと、そのようになってしまった……。

司馬遼太郎　英雄《えいゆう》がいないね。まあ、明治維新も、そういう民主主義的な欧米《おうべい》国家デモクラシーを、ある程度描《えが》いてはいたんだろうけどね。

里村　はい。

司馬遼太郎　「投票箱から英雄が出ない」部分はなあ。これはちょっと悲しいわな。だから、もう、本当に週刊誌ネタぐらいで、すぐに足をすくわれるっていうか、うーん、なんか悔《くや》しいなあ。

4　撤退《てったい》する国際正義

「女の武器」を使ったテレビ朝日記者

司馬遼太郎　国家予算が、もう百兆円からある時代にさ、何億円かぐらいでトップのクビは狙《ねら》われるし、何だかテレ朝（テレビ朝日）の女子社員か何かがセクハラされたとかいうので、引き換《か》えに財務次官のクビを取ったりとか、今の段階で、そんなことが報道されているらしいけどさあ。

まあ、言い方はいろいろあろうけど、産経じゃなくてテレ朝だから、あれだけど。しかし、一対一で、なんで会うんだよ、何回も。なあ？

里村　はい。

司馬遼太郎　ちょっと、それは、ある意味で「罠《わな》」みたいに見えなくもないけどなあ。一対一で会うなよ、嫌《いや》だったら。なんで一対一で会うんだよ。
食事に誘《さそ》って、女が一対一で会うっていうことはだよ、「こちらから何かいいネタを紹介《しょうかい》する代わりに、何かを提供されるのかな?」と、男なら思うじゃないか。なあ? ちょっと汚《きた》ねえんじゃないか、朝日にしちゃあ。いくら何でも。どうだい?

里村　はい。

司馬遼太郎　嫌だったら、男(の記者)と一緒《いっしょ》に行くなり、男に取材させるなりしたらいいのであって、何かそれを録音しているっていうのは……。
まあ、〝現代の兵器〟なんだろうけどさあ。何か、俺《おれ》はすっきりしねえなあ。

里村　細《こま》かい話ですが、その女性は複数回にわたって会い、しかも、以前からそういうことがあったと言いながら、また行っているわけです。

司馬遼太郎　最初から狙っていたんじゃないの？　戦略的に。（財務事務次官に）そういう放言癖《へき》があるっていうので。

里村　ええ、ええ。

司馬遼太郎　それを、別に、ほめ称《たた》える気はないけどさあ。何か、「女の武器」を使ってるようにも見えるからさ。それって、いいの？

里村　うーん。

司馬遼太郎　ほんとに、いいのかい？
それは、朝日が潰《つぶ》されるかも分からないから、敵（安倍《あべ》政権）の、何て言うか、兵站《へいたん》担当のやつ（財務事務次官）の〝クビを取る〟っていうのは分かるけどさ。自分のところへ載《の》せないで、新潮《しんちょう》か何かに駆《か》け込《こ》んで、やるんだろう？

里村　そうなんですよ。

司馬遼太郎　このへん、ちょっと何だか汚ねえよなあ。記者としては、ちょっとなあ、何か汚ねえなっていう感じ。

里村　ええ。

司馬遼太郎　上司が「駄目《だめ》だ」って言うんだったら、それは、朝日だって根性《こんじょう》が据《す》わってないわな。やるならさ、相討《あいう》ちになるぐらいまでちゃんとやれよ。
その代わり、税務調査をいっぱいかけられるに決まってるけどさ、来年以降。ハッハッ（笑）。そらあ、やられるだろうけど、絶対、仕返しは来るよ。

里村　はい。

司馬遼太郎　だけど、そういうことをやられないように、マスコミ全部でグルッと囲んで、国税庁が全部回れないようにはするんだろうけどさ。何か、ちっせえなあ。

里村　確かに、以前は、記者まで政治家と一緒になって、この国の未来を議論しつつ、やっていましたから。

司馬遼太郎　だから、友達のように迫《せま》ったのか、どういうふうに迫ったのかは知らんけどさあ、もし、実はセクハラのそれを引き出したくて、取材をしているように見せて何回も接近していたとしたら、ちょっとなあ。「人権」って言うけど、そんなものじゃないんじゃないの？　女性記者辞《や》めちゃえよ、そんなんだったら。ねえ？

里村　はい。

綾織　昔の女性記者は、そういうのは織り込み済みで、平気でやっていました（笑）。

司馬遼太郎　いやあ、そのくらいの覚悟《かくご》、〝肉弾戦《にくだん》〟で行くぐらいの覚悟がなかったら、それは辞めたほうがいいよ。そんな、夜に個人で会食して、聞き出そうっていうんだったら、それはもう、色気《いろけ》で迫るのは織り込み済みだろうよ。

普通《ふつう》はそう思うけどな。よほど見るに堪《た》えない方ならともかく、テレビ系（の記者）だったら、外見もそこそこの方だろうから。

里村　はい。

司馬遼太郎　「その人の人権を守るために（名前を）明かせない」なんて言いつつ（相手の）クビを切るっていうのは、何か辻斬《つじぎ》りみたいで、私はすっきりしないなあ。

「撃《う》ち合う覚悟《かくご》」はどこへ？

里村　これは本当に、冒頭《ぼうとう》の司馬先生のお言葉どおり、「小さくなっていて、大局的なものの見方ができなくなっている」ということだと思います。

確かに、セクハラ等も含《ふく》めて、人権問題は大事な問題ではありますが、一方で、今、日本が抱《かか》えている経済的な問題や、あるいは、外交問題の大きさと比べると、あまりにもバランスを欠いているのではないかという気がします。

司馬遼太郎　いや、片方で、「国民が皆殺《みなごろ》しにされるかも分からん」っていう問題を抱えているんだから、ちょっと、そのへんの「大小」はあるんじゃないかな。

里村　はい。

綾織　その「大局的に見る」というところで言いますと、今のタイミングで起こっていることは、おそらく、五年後、十年後には、非常に大きな意味が出てくると思うのです。

司馬遼太郎　うーん。

綾織　北朝鮮《きたちょうせん》の問題もそうですが、中国がその背後にあって、このアジアをコントロールしようとしているわけです。そういう、十年とか二十年とかのスパンで見たときの「今の時代の意味」というものを、どのようにご覧になっていますでしょうか。

司馬遼太郎　まあ、少なくとも、日米同盟で、（アメリカと）組んでやろうとしていた日本のほうを揺《ゆ》さぶっているのは事実だな。

里村　はい。

司馬遼太郎　アメリカはアメリカで、左翼《さよく》系のマスコミと映画人たち等が、トランプが嫌《きら》いでいろいろと反対運動をやっていて、似たようなシチュエーションではあるんだろうけどさ。
でも、何て言うか、この前のシリアへの英米仏による空爆《くうばく》？　ミサイルか？

里村　はい。

司馬遼太郎　自国民に化学兵器を使ったというようなことに対して、「許せない」っていうことで介入したのが、「主権侵害《しんがい》かどうか」っていうような議論をしている。これで言うなら、北朝鮮も同じ問題に、たぶんなるだろうな。

里村　はい。

司馬遼太郎　自国民が飢《う》え死にしようとしている段階で、核《かく》兵器や弾道ミサイルを開発して、「アメリカとの戦いも辞さない」とか、去年は言うとったんだろう？

里村　はい。

司馬遼太郎　それを、コロッとさ、冬季オリンピックに妹（金与正《キムヨジョン》）を出して、歓《かん》心《しん》を買って、〝平和路線〟に変えたように見せている。そして、その提灯《ちょうちん》持ちを、すぐ日本のマスコミはしたがるし、アメリカもそうだしさ。何だか、骨のない軟体《なんたい》動物のように見えてしょうがないねえ。

アメリカと弾道ミサイルを撃《う》ち合う覚悟《かくご》はあったんだろう？　それならそうと、ちゃんとやれよ。

里村　（笑）

司馬遼太郎　なあ？　「北朝鮮よ、前言を撤回《てっかい》するな。何を言っているんだ。ちゃんと戦え」って、〝西部のガンマン〟なら、そう言うべきだよ。「正々堂々と撃ち合おうじゃないか」と。

「グアムが叩《たた》き潰されるんだったら、こっちだってただではおかないから、やれるものならやってみろ」って言うぐらいでないと。

「グアムの上空で爆破させたら、電波妨害《ぼうがい》で一切《いっさい》の機器が止まる」とか、「アメリカの機能が止まる」とか言って脅《おど》されて、アメリカの左翼マスコミや人権擁護《ようご》団体は、みなビビッてしまっているんだろう？

だから、それと戦うためのトランプ大統領なんじゃないの？

里村　はい。

司馬遼太郎　国際正義が、そういう「わが身かわいさ」を重視している人のために撤退していくっていうか、退転《たいてん》していくのはなあ。

まあ、トランプも、女性問題でもまたやられているし、「ロシアの何とか疑惑《ぎわく》」もあったりして、いろいろ国内で足を引っ張られて、（思うように）できないようになっているところもあるけどね。ちょっと、これは問題があるな。

トランプはチャーチルになれるか

里村　今、重要なご指摘《してき》を頂いたと思うのです。「結局、国際社会が、わが身かわいさで動いている人たちの言葉によって左右される」、要するに、「退《ひ》いていく」という……。

司馬遼太郎　あちらは平気だもんな。

里村　そうなんです。

司馬遼太郎　金正恩《キムジョンウン》の女性問題なんか出せるわけないじゃない。

里村　出せないです。

司馬遼太郎　出たら即《そく》殺されてるよ。ねえ？

里村　はい。

司馬遼太郎　プーチンだって離婚《りこん》して独身だけどさあ、講道館の五段か六段か知らないけど、体のいい六十代の人が女性なしでいられるわけないじゃないの。

里村　ええ。

司馬遼太郎　だけど、そんなことを書いたらさ、もう存続できるマスコミなんかあろうはずがない。ロシアだってない。

里村　はい。

司馬遼太郎　習近平《しゅうきんぺい》のところはどうかっていうと、そらあ生きてるはずがない。みんな、もう、河に浮《う》いてるよな。翌日、黄河《こうが》に浮いてるだろうよ。揚子江《ようすこう》か？　知らんが、どこかに浮いてるだろうからさ。

里村　うーん……。

司馬遼太郎　そんな恐《おそ》ろしい国家と今、交渉《こうしょう》しているんだからさあ。ただでさえ弱いものをもっと弱くしてる状況《じょうきょう》でね。

要するに、現状維持《いじ》だろう？　「何にもしてほしくない」っていうことだろう？　これは、もう孤立《こりつ》だよな。孤立主義なので。
だから、セオドア・ルーズベルトをはじめとする孤立主義の流れ、それから、ウィルソンあたりの孤立主義の流れから、ヒットラーの快進撃《かいしんげき》が始まってはいるからね。

里村　ええ、ええ。

司馬遼太郎　やっぱり、「同じことをまた繰《く》り返すのか。最後の最後になって、チャーチルみたいな人が出てくるのを待つだけなのか」っていう感じかな。
少なくとも、トランプのところでチャーチルの部分を果たしてもらわないと困るので。「あとはない」かもしれないからさ。

里村　ええ。

司馬遼太郎　あとはないかもしれない、これ。ここでチャーチルのような判断を下さなければ、「敵は悪魔《あくま》」と断定するだけの力がないと、やっぱり駄目なんじゃないかな。

里村　そうしますと、司馬先生としては、トランプ大統領の決断に関して、やや懐《かい》疑《ぎ》的な部分があるのではないですか。

司馬遼太郎　いや、危ない。危ないよ。もっと、もうちょっと頑張《がんば》っていただかないといかんな、足をすくわれすぎて。

里村　はい。

司馬遼太郎　確かに、映画の有名俳優とか、そういうのが一生懸命《いっしょうけんめい》、批判したりさあ、それから、マスコミも、ほぼ全部、敵なんだろう？　FOX《フォックス》ニュース以外は。「ほぼ敵」みたいな感じなんだろうから、安倍さんと似たシチュエーションなのかもしらんけれども、「マスコミとツイッターで戦っている」っていう状況だから（笑）、かなり厳しいのは厳しいけど。

再び独裁者の時代へ

里村　今、司馬先生から、また、「チャーチル」のお名前が出たんですけれども。確かに、当時の〝第二次世界大戦前夜〟で言うと、ヒットラーやムッソリーニ、さらにスターリン、あるいは、スペインではフランコという人がいました。

要するに、独裁者がグーッと出てきて、ある意味で、民主主義の国が苦しんだ時代でもあったのですが、今もまた、突如《とつじょ》として、国際社会が「独裁者の時代」に入ろうとしています。

司馬遼太郎　そう、そう、そう。

まあ、チャーチルだって、戦争のときだけしか使えなかったけどさ。

里村　はい。

司馬遼太郎　周りの主流派は、外交と宥和《ゆうわ》路線、「話し合いでやったほうが被害《ひがい》が少ない」ってね。今の〝それ〟と一緒じゃないか。

里村　そうですね。

司馬遼太郎　そらあ、敵（北朝鮮）は話し合いのほうが被害が少ないからね。それ、先延ばしなんだよ。相手は時間を稼《かせ》げば完成するんだから、いろんなものが。それに、「核を廃絶《はいぜつ》する」とか言ったって、もう、技術そのものがあるんだからさ。ハッハハ（笑）、それは、いくらでも、いつでもつくれる状態だからね。もちろん、何かを止めるとか、そういうことを見せるかもしれんが、それは、もう過去にやっていることだから。親父《おやじ》（金正日《キムジョンイル》）とか、そういうのがやっていることだからさ。

向こう（金正恩）は若いからね。三十五（歳《さい》）ぐらいなんで、トランプの引退を待っているんだろ？　おたくの霊言《れいげん》でやっているとおりだよ（『文在寅守護霊《ムンジェインしゅごれい》 vs. 金正恩守護霊』〔幸福の科学出版刊〕参照）。

里村　はい。

司馬遼太郎　トランプさんは、そらあ、七十を超《こ》えてるからさあ。そう長いとは思えんわね。八十まで大統領をやれるかどうかは、ちょっと分からないよな。次の大統領は、もうオリンピックの次ぐらい、二〇二一年ぐらいになるんだろう？　そのくらいでは……。

里村　えっと、二〇二〇年に、また次の……。

司馬遼太郎　選挙（米大統領選）だろ？

里村　はい。

司馬遼太郎　二〇年か。だったら、もう、東京オリンピックでまた〝平和〟で盛り上げておけば、時間は稼げるよな？

●次の大統領は……　アメリカの大統領を選ぶ選挙は4年に一度行われ、次回は2020年。2021年1月に大統領就任式が行われる。

里村　はい。確かにそうです。

司馬遼太郎　それで、アメリカのマスコミの情勢からいったら、もし、トランプを落とすことに成功すればさ、そしたら、また動き始めるわな。もう見えているよ。だから、もう一段、強くなければいけないけど、安倍さんも弱いから、言えるような状況ではないかもしらん。

いやあ、危ないね。日本のマスコミは頭が弱いから、もう、「平和が来る」ような感じになっているんじゃないか。「独裁者の怖《こわ》さ」を知らんなあ。

綾織　まさに、そうした民主主義のなかで、どのようにしてチャーチルのような人を選ぶかということだと思うのですが、イギリスの場合、結局は、もうギリギリになるところまで、チャーチルは登場できなかったわけです。

司馬遼太郎　そう、そう、そう、そう。普段は要《い》らない人なんだよな、はっきり言って。

綾織　はい（笑）。

司馬遼太郎　そういう、変わっていて、自分の主張を死んでも曲げないタイプだろ？

それは、本当に、危機のときにしか要らないリーダーなんだよな。

5　マスコミの愚《おろ》かさ

マスコミの既成《きせい》権力化

綾織　日本であれば、まさに、そういう人を選び出していかないと、もう、「本当に亡国になってしまう」ということが見えているわけですが、そのためには、私たちはどのようなことをすればよいのでしょうか。

司馬遼太郎　うーん……。まあ、「森友《もりとも》」だ「加計《かけ》」だ、あるけどさあ。そらあ、安倍《あべ》さんか安倍夫人か知らんけど、お友達だったんだろう？　だから、これ、「一緒《いっしょ》にゴルフをして、会食して、写真を撮《と》って、学校に安倍という名前まで並べて、やろう」とか、もう、こんなの逃《に》げようがないじゃない？　状況証拠《じょうきょうしょうこ》から見たら分かってることだけど、それを延々と一年以上、やり続けている状況じゃない？

それで、交替《こうたい》させようとしても、どうせ、自民からさらにタカ派が出てくるとは思えないので。

里村　いやあ、思えません。

司馬遼太郎　もう、左翼《さよく》、リベラル派がおそらくは出る。それを狙《ねら》ってるんだろ？

里村　おっしゃるとおりです。誰《だれ》が出てもそうなります。

司馬遼太郎　リベラル派を引っ張り出す。もう、それしかないから。リベラル派を出してきて、政権を保とうとしたり、野党を抱《だ》き込《こ》もうとしたりするわな。もう、敵の思うままじゃないか、こんなの。思うところじゃない？

里村　はい。

司馬遼太郎　中国だって考えてるよ、その程度のことは、ちゃーんと。北朝鮮《きたちょうせん》だって。あと、韓国《かんこく》が〝曲者《くせもの》〟でなあ。

里村　はあ。

司馬遼太郎　今回、これ（文在寅《ムンジェイン》）が、すごい曲者で。今は「独裁者」には見えないと思うけど。むしろ、「平和論者」に見えるんだろう。だから、大江健三郎《おおえけんざぶろう》が大統領になったように見えているんじゃないかな？　マスコミには。

『文在寅 韓国新大統領
守護霊インタビュー』
（幸福の科学出版刊）

里村　ああ……。

司馬遼太郎　だけど、違《ちが》うぞ。これは、またクセのある男だと思うので。たぶん、「陰謀家《いんぼうか》」だと思う、韓国の大統領は。独裁者じゃないかもしれないが、まあ、いずれなるかもしらんが、今は陰謀家だな。

里村　今も、文在寅大統領は、大統領の権限を制限しつつ、大統領が二期できる方向に憲法を改正しようとしています。

司馬遼太郎　でも、朴《パク》（槿恵《クネ》前大統領）は有罪、そして、その前の李明博《イミョンバク》（元大統領）も、また同じようにしようとして、反対するマスコミのほうの弾圧《だんあつ》に入っているんだろう？

里村　ええ。

司馬遼太郎　この動き自体は、これもまた、ファシズム的体質を実際は持っていることを意味していると思うから、十分怖《こわ》い。もう今、（日本は）けっこう怖いのに囲まれてきつつあるよ。

里村　はあ……。

司馬遼太郎　でもねえ、トランプさんは、その評判が悪すぎるために、マスコミにいい格好をしてしまう可能性があるので、そこがちょっと怖いなあ。

里村　はああ。イギリスは、第二次世界大戦のときに、いちおう、宥和《ゆうわ》派のチェンバレンからチャーチルに替《か》わることで、大きく局面を変えたのですが、今も……。

司馬遼太郎　もしチャーチルが出なかったら、今、もう国がないだろうよ。

里村　今の日本は、その逆の方向に行こうとしている、と？

司馬遼太郎　うん。どうしてこんなに頭が悪いんだろう。なあ？

まあ、英雄《えいゆう》史観を認めないのは、左翼の特徴《とくちょう》だけどね。「みんな平等」「人間平等」は結構なんだけど、「結果も平等」「政治的にも一人一票」で、マスコミがワアワア言うことで民主主義政治は機能していると過信しているんだろう。

いやあ、しかし、マスコミのほうが、もう外からクビを取れないことが多くなっているので。（マスコミが）既成《きせい》権力になってきていて、政治のほうが、安倍さんみたいに長期化すること自体が難しいことになっているからね。生き延びてはいるけど、基盤《きばん》は弱くなっているわな、現実にね。これは危ないね。

潰《つぶ》された武器とカネ

司馬遼太郎　それで、幸福実現党は、党首が国内巡回《じゅんかい》中かもしらんけど、今のところ、マスコミから、戦力としてはノーカウントなんだろうから。

いやあ、残念だけど、君たちの「二〇〇九年革命」かな、それがマスコミ上層部に握《にぎ》り潰《つぶ》されて成功しなかった。

要するに、〝大政翼賛会《たいせいよくさんかい》〟は、ある意味ではできてはいるんだろうけど、マスコミのほうは、まずは、どんな体制になっても生き延びられることを考えているからね。

里村　前回の霊言《れいげん》でも、司馬先生は、「現代のマスコミの統制を破る人間が英雄である」というようなお言葉を……（前掲《ぜんけい》『司馬遼太郎なら、この国の未来をどう見

●二〇〇九年革命　2009年5月、幸福実現党が立党。民主党政権になれば日本は亡国への道を歩むことを全国で訴え、同年8月の衆院選には337人の候補を立てたが、大手マスコミは無視・黙殺を続けた。

るか』参照)。

司馬遼太郎　なかなか、破れんだろうね。

だから、今、テレ朝のアナウンサーかキャスターか、何か取材に来た人に財務事務次官が不用意に会って、(声を) 録《と》られてクビを取られている。

だけど、これをやられると、例えば、「軍事のほうでお金を使うとか、兵器を買うとか、つくるとか、そういうのに予算をつける」というようなことでも、同じ手は何回でも使えるからさ、これは。

だから、お金を出す部分のところを攻《せ》めにかかってきているからね。十分、危ないわな。

里村　確かに、今、防衛省の日報問題とセットで……。

司馬遼太郎　両方、潰しにかかっているんでしょう？

里村　ええ。

司馬遼太郎　だから、「軍事に金は使わせない」っていうところだよ。

里村　それで言いますと、再三、前回の霊言を出して恐縮《きょうしゅく》なんですけれども、司馬先生は、結論部分で、「日本は、新しい兵器なり兵力の開発に力を入れるべきだ」というようにおっしゃっていました（前掲『司馬遼太郎なら、この国の未来をどう見るか』参照）。

当然、予算もつけるべきでしょうが。

司馬遼太郎　いや、それを今、言う人がいれば……。だけど、いないでしょう？

里村　いないです。

司馬遼太郎　現実にはいないでしょう？　現実としては、アメリカがやってくれることを期待しているだけで、「日本独自で何かしよう」なんていうのは、まったく……、ほとんどないでしょう。言ったら悪人にされるからね。だけど、実際、予算がなきゃできないしさ。そういう方針も出せなきゃできないしさ。でも、国会の場合、あんなちっちゃい「言葉のやり取り」をしているようじゃ、ほとんど議論ができると思えない。ねえ？

里村　はい。

6　世界史をつくる戦い

中国の「天下二分《にぶん》の計」

里村　では、それに関しまして、「歴史の法則」的な部分も含《ふく》めてお伺《うかが》いしたいのですけれども、まず一つは、今の世界情勢を見たときに、「独裁者の時代」の方向に向かっています。この力というのは、どこから出ているのでしょうか。

司馬遼太郎　いや、それは、やっぱり、世界史を変えようとしているんだと思うよ。世界史を変えるための戦いが始まろうとしているんだと思うんだよ。

里村　ほお。

司馬遼太郎　だから、ライオンで言うとね、そらあ、一頭の強いオスが、何頭ものメスと子供ライオンとを率《ひき》いているわな。老いてくると、若いオスライオンが挑戦《ちょうせん》してきて、それを迎撃《げいげき》できるっていうか、倒《たお》せなかったら、老いたオスライオンは群れから追い出されて、若いオスライオンが全部を率いるようになるわけだな。

里村　ええ。

司馬遼太郎　そういうふうな群雄割拠《ぐんゆうかっきょ》というか、そういう時代に入ろうとしているわけでね。長谷川慶太郎《はせがわけいたろう》さんなんかは、「アメリカ一強が百年は続くから大丈夫《だいじょうぶ》。平和と安定の時代が二十一世紀だ」と言ったけれど、百年も続きやしないで、（中国は）今、群雄割拠のほうに、あっという間に持っていこうとしているわけだよ。

里村　はい。

司馬遼太郎　さらに、その群雄割拠から抜《ぬ》け出せないか、と。

だから、中国は、ただただ……、まあ、今、アメリカとは、そんなに〝チャンチャンバラバラ〟したいとは思っていないと思うけど、まず経済力でアメリカを圧倒《あっとう》し、抜くことで、威圧感《いあつかん》を与《あた》えるところから入りたいと思うんだよ。

「まずは、経済力で、ＧＤＰ（国内総生産）でアメリカを抜くことで、ハワイから向こうとこちらで（地球を）半分こしよう。分けよう。こちらのことは、中国が覇権《はけん》を握《にぎ》っているから、中国の判断でやらせてもらいます」ということで、要するに、日米同盟とか、米韓《べいかん》同盟とかを断《た》ち切りに入ってきているわけ、戦略的にはね。

里村　はい。

司馬遼太郎　だから、経済的にあれ（アメリカ）を抜くところまでは、ちょっと自重しながらやるつもりなんでね。それで、北朝鮮《きたちょうせん》のことだって微妙《びみょう》に調整しているわけだよ。「おまえがあまり飛び出しすぎると、戦争が早く始まる」と。

今、アメリカと本気で戦ったんでは、ダメージが大きすぎて、とてもじゃないけど覇権国家になれないからね。時間を稼《かせ》がなきゃいけない。そのための（国家主席の）終身制なんだから。

だから、そこまで行かなきゃいけないので、まず、「天下二分の計」なんだよ、中国が持っているのは。「三分《さんぶん》」じゃなくて「二分《にぶん》の計」を持っていて、「ハワイを境にして（アメリカと中国で）地球を半分こしよう」という。

里村　ええ、ええ。

司馬遼太郎　これが「天下二分の計」。

ヨーロッパのところも、アメリカと中国の取り合いなんですよ。だから、中国がEUに資金的に救済に入って、EUの財政赤字の国を助けて、インフラを助けて、雇用《こよう》も助けているわけだね。アフリカもそうだけど。

アフリカ、EU等も、これ、二等分しようとしているわけだね。だから、今始まっているのは、習近平《しゅうきんぺい》の「天下二分の計」なんだ。

こちらは終身制。トランプさんは、あと二、三年か、あるいは、もっと、八年やれるか分からないけど、その先もアメリカは分からない。「マスコミ次第《しだい》で分からない」という状況《じょうきょう》になっているからね。この「二分の計」に対抗《たいこう》できるだけの策はないんだよ、はっきり言って。

里村　ああ……。

文在寅《ムンジェイン》大統領のファシズム政策

綾織　そうなりますと、マスコミに叩《たた》かれる民主主義の国は、もう、今のままだと敗れていって、そういうマスコミの自由がない独裁の国が勝っていくことになるのでしょうか。

司馬遼太郎　うーん……。まあ、独裁もあるし、独裁に見えないようにマスコミを抱《だ》き込《こ》んでいく、韓国みたいなね。

綾織　ああ……。

司馬遼太郎　あれはマスコミ受けする。あの対話、平和。ねえ？

綾織　うーん。

司馬遼太郎　「そういうことで南北の統一を」って言ったら、マスコミは悪口を書けないで、もう、「反対するやつは、全部、極右の狂《くる》ったやつらだ」っていうことで、言論弾圧《だんあつ》が始まってるよ、韓国は。すでに始まっている。

北朝鮮なんか、言論弾圧じゃなくて、もうとっくに言論そのものがないので。基本的には、スポークスマンしかいないので。

いやあ、ここの、「韓国ファシズム 対 北朝鮮・軍事独裁政権」のぶつかりと、中国の「天下二分の計」、とりあえず二〇五〇年までの「天下二分の計」、プラス、「アメリカのトランプさんが、足元を上手《じょうず》に狙《ねら》われながら、どこまで政権運営をできるか」。

里村　はあぁ。

政治家の体力と忍耐力《にんたいりょく》

司馬遼太郎　それから、（トランプ大統領は）内部の、側近のクビを切りながらやっているわね。

何て言うか、人間ねえ、年を取ると忍耐力《にんたいりょく》がなくなるんですよ。自分の先がそう長くなくて、待てないから、目先のことを早く解決したくなる。早くやりたくなって、根気がなくなる。

私も、六十四歳《さい》を過ぎたら、長編小説が書けなくなってきたけどね。短編とか、短いものだったら書けるけど、長いのは体力が続かない。

やっぱり、トランプさんについては、その体力のところが心配だな。「長期戦に耐《た》えられるか」っていう。

里村　なるほど。そこの部分がウィークポイントとしてあるわけですね。

司馬遼太郎　うん。息子《むすこ》ブッシュが言ったみたいに、テロとの戦いは百年続くかも分からんっていうような感じはあったけど、トランプさんでは、とても百年は考えることはできないからさ。

だから、シリア（にミサイル）を撃《う》っても、「これで終わりだ」とかすぐに言っちゃうだろう？　やっぱり、あれは年齢《ねんれい》による圧迫《あっぱく》が来てるんだよ。早く終わらせたいんだよ。

綾織　実際に、今起こっていることは、五十年から百年ぐらいのスパンの大きな動きであるわけですね。

司馬遼太郎　そうなんだよ。

「習近平《しゅうきんぺい》の次」も似たような者

司馬遼太郎　中国の習近平《しゅうきんぺい》は終身制で、病気とか年とかで死ぬことがあるとしても、その次には、似た者がまだ出てくる可能性は強いですよ。似た者でなけりゃ出られない。出れるはずがない、今の体制で。

里村　はい。

司馬遼太郎　だから、経済だけは自由主義市場経済にまねているけど、独裁は独裁で、目指しているのは「毛沢東《もうたくとう》」。まあ、今は毛沢東になろうとしているけど、次は「秦《しん》の始皇帝《しこうてい》」を目指しているからね。

綾織　うーん。

司馬遼太郎　秦の始皇帝は、やっぱり「富国強兵」だから、基本的にはね。まあ、実際は短かったかもしれないけど。いちおう、彼はそこまで考えてるから。

トランプさんは、「メキシコとの間に壁《かべ》を築きたい」と就任前は言っておった。まあ、これも反対が多くて大変だけどね。一方、習近平はねえ、ハワイの上に〝城《じょう》壁《へき》〟を築こうとしている。ハワイに〝万里《ばんり》の長城《ちょうじょう》〟を築いて、あと、ヨーロッパのところでは、今、ドーバー海峡《かいきょう》、イギリスとEUの間にも〝長城〟を築こうとしているので。

里村　なるほど。

先ほど、司馬先生から、中国の、ある意味で伝統的な考え方である「天下二分の計」のお話が出ました。ただ、「天下三分の計」もありますけれども……。

●**天下三分の計**　中国、後漢末、諸葛亮《しょかつりょう》が蜀《しょく》の劉備《りゅうび》に進言した戦略。魏《ぎ》の曹操《そうそう》、呉《ご》の孫権《そんけん》、蜀の劉備で国土を三分割し、ひとまず孫権と結んで曹操に対抗し、最終的に全土を平定するというもの。

司馬遼太郎　「三分」になるのは、インドがほんとに予想されるような大国になった場合に、可能性としてないとは言えないけど、今のところまだ言えないね。

里村　確かに、まだ難しいですね。インドも揺《ゆ》れています。いずれにしても、日本にとって恐《おそ》るべき事態だと思います。

世界史は勝者がつくる

里村　すでに、昨年八月に大川隆法総裁が東京ドームで、「人類は唯物論《ゆいぶつろん》の独裁的全体主義国家ではなく、神の下《もと》の自由と民主主義を選ぶべきである」という言葉を人類に投げかけられたのですが、今の流れで見ると、やや唯物論的独裁国家の力が強くなっている方向に……。

司馬遼太郎　だから、今、「世界史をつくる戦い」なんだよ。世界史はね、この世

●東京ドームで……　2017年8月2日、東京ドームで約5万人を前に、特別大講演会「人類の選択」を開催した。『信仰の法』（幸福の科学出版刊）第6章に所収。

的に、要するに、勝者がつくるんですよ。あるいは、先の（アメリカと）ソ連との冷戦もあったけど、戦わずして勝つこともあるので。まあ、勢力バランス、力のバランスが崩《くず》れれば、強い者の引いた未来の補助線のとおりに動くようになるからね。

里村　はい。

司馬遼太郎　アメリカが「中国に敵《かな》わない」と思った段階で、世界史は変わる。

アメリカの人口は、多いといったって三、四億人、三億人強ぐらいだけど、中国は今、十四億で、まだ増えるかもしれないからね。これは、経済的に見て、あるいは軍事的に見て、いやあ、たまらんわねえ。

アメリカは、本気で戦うとしたら、とてもじゃないけど兵隊では戦えないから、「ロボット戦争」に入るしかない。人口の足りないところは、軍事ロボットをいっぱいつくって。まあ、中国は、「十億人死んだって、勝てたら別に構わない」っていうぐらいだからねえ。ついこの前、四億人ぐらいしかいなかったんだからさ。あそこはね、子供なんかすぐに増えるんだ。アメリカのほうは増えないので。移民を入れなきゃ増えなくなるからさ。

だから、ロボット戦争、「ＡＩとロボットでの戦争まで考えて、やるかどうか」っていう戦いに入るわけだけど、中国のほうも、もう宇宙からの攻撃《こうげき》ができる体制に入ろうとしているので。

それに、北朝鮮が生意気《なまいき》にもねえ、電波ジャックして、アメリカのイージス艦《かん》機能とか防衛機能とかを全部、失わせてしまうみたいなことまで言っている。

里村　うーん。

司馬遼太郎　中国が言うならまだ分かるけど、北朝鮮が言ってるんだよ？

里村　はい。

7　アメリカ凋落《ちょうらく》

宇宙から無力化される米軍

司馬遼太郎　今、怖《こわ》いのは、電子機器ですべてが動いている時代なので、電波のところが攪乱《かくらん》されて完全に止まったら、金融《きんゆう》システムも動かなければ、一切《いっさい》の取引から政治、マスコミ関係まで全滅《ぜんめつ》する。

これは、実は、ある意味で、「宇宙人が持っているんじゃないか」と言われている機能だな。「UFOが来るときに電波障害が起きて、計器が全部狂《くる》って駄目《だめ》になる」とか、「カメラで撮《と》っても、映っていたはずなのに、流してみるとそれがもう消えている」とか。

彼らは、そういう電波系のところを完全に支配する能力を持っているけども、どうも、中国系統のほうに、そういう能力が何か入っているみたいに見えるのでね。何か研究してる。

里村　ああ……。

司馬遼太郎　アメリカのほうは、ドローンも使うが、ロボットによる戦争もあって、まあ、あそこの工業を使えば、そういうふうに考えると思うけど、さらに、（中国系統には）アメリカの機能の無力化を宇宙から図《はか》る流れが、もう一つあるので。日本なんか、もう完全に置き去りにされている可能性がある。

英雄《えいゆう》は色好み、それで足を引っ張るな

里村　そうした世界史を変える力が働いているときに、今の日本においては、逆に、この国の力を弱める方向に力が働いているように感じています。

これについて、今日のメインテーマの一つである「愛国心」という言葉とつなげて、司馬先生から何かお考えをお聞かせいただければ幸いです。

司馬遼太郎　今はねえ、アヘン戦争のあと、目覚めた明治維新《いしん》の志士たちが、「このままでは、この国はなくなる。（欧米《おうべい》に）取られる」と思った、その時代に相当すると思うので。

だからね、NHKの「西郷《せご》どん」なんか流してる場合じゃねえや。あんなんじゃ駄目だよ！　国を救えないから。あんな軟派《なんぱ》じゃ、とてもじゃないが、バカバカしくて、もう見ていられない。

あのねえ、英雄《えいゆう》が出てこなきゃいけないので。まあ、私は聖人君子《せいじんくんし》でもないし、宗教家でもなくて歴史小説家だから、歴史の英雄たちを見るかぎりですね、まあ、「英雄、色を好む」じゃないけども、女問題ぐらいで英雄の足を引っ張っちゃいけないと思いますよ。

伊藤博文《いとうひろぶみ》にも、愛人千人なんていう説もあって、本当かどうか知らんけど、その程度はね、「うわっ、もう人間業《わざ》じゃないですね」と、呆《あき》れて、「おお、大国になったもんだ」と思えるぐらいのね、マスコミのほうが「おお、それはすげえ」って言うぐらいの感じにならないと、これは戦えないよ。こんなちっちゃなことでやっていたんじゃ。あと、お金もね。いやあ、国防のためにも必要なことだ。

「寝返《ねがえ》った台湾《たいわん》」に日本が占領《せんりょう》される

司馬遼太郎　だから、（中国に）「天下二分《にぶん》の計」をやられて、「アメリカは、ハワイから先について口を出すな」と言われたら、日本も独自で……。まあ、日本を取り込《こ》んでいけるのは、中国、北朝鮮《きたちょうせん》、それから韓国《かんこく》、あるいは統一朝鮮、このあたりが、日本を取ろうと思えば取れるしね。

あるいは、台湾《たいわん》だって、中国領土になることもありえるわけだから。天下二分をやられたら、アメリカも台湾に入れなくなりますので。

台湾が北京《ペキン》側に寝返《ねがえ》って取られ、台湾の軍隊に核《かく》武装を入れられたら、台湾でも日本を占領《せんりょう》できるよ、はっきり言って。

里村　はい。

司馬遼太郎　取れますよ。（台湾には）五十万からの軍隊がいて、ミサイル部隊を持っていて、中国本土の南岸？　南方部分とは、ミサイルの撃《う》ち合いをしてでも生き残るつもりでやっているし、空軍も持ってますからね。

だから、沖縄《おきなわ》は中国に取られると思ったけど、台湾が寝返って中国の一省に完全になり切ったら、これは、習近平《しゅうきんぺい》の時代にありうることですよ。香港《ホンコン》だけじゃないですよ。台湾もありえますよ。

里村　はい。

司馬遼太郎　そのときには、アメリカが完全に中国にとっての〝ポチ〟になるか。

里村　あっ……。

司馬遼太郎　西郷どんのポチじゃなくて、何か名前があったが、まあ、知らんけど、犬みたいになるか。あるいは、単なる対等……。北朝鮮と対等になろうとしているんだったら、中国なんか〝対等以上〟になっちゃう可能性もあるので、怖いですからね。

綾織　うーん。

司馬遼太郎　（習近平のような）九十九・八パーセントの支持はねえ、トランプさん以後の大統領は誰《だれ》も取れないですよ、アメリカなんかじゃ。

中国軍の台湾海峡《たいわんかいきょう》演習、反応できないアメリカ

里村　昨日《さくじつ》、台湾海峡《たいわんかいきょう》で中国海軍が実弾《じつだん》も使った演習を行いました。一九九六年の台湾海峡危機のときには、アメリカも空母をすぐに派遣《はけん》し、台湾も激しく反発したのですが、今回は、そういう動きをあまり見せなかったのです。

司馬遼太郎　アメリカの民主党政権よりも「軟弱」になる可能性がある。まあ、それは、トランプさんの側近をだいぶクビにしたし、マスコミの攻撃《こうげき》もすっごく激しかったから、弱くなっている面もあるんだろうとは思うけどね。

あと、もう一つ、未知数としてのロシアがあるわな。

里村　はい。

司馬遼太郎　ロシアだって、大国化しようとしているからね。これがどう出るか。金正恩《キムジョンウン》は、次にロシアも引っ掛《か》けてくるに違《ちが》いない。やっぱり、「安全パイ」としては、釣《つ》り針は二本、餌《えさ》を二個付ける必要があるから、中国とロシアと両方に餌を付けて、トランプが食いつくのを待っている可能性はある。ロシアも、今、ちょっと孤立《こりつ》化させられつつあるから、やつ（金正恩）がロシアに飛び込んだら……。まあ、今はシリアのところでも揉《も》めているからねえ。

里村　はい、そうです。

司馬遼太郎　ロシアとシリアの同盟に対して、イギリス、フランス、アメリカ……。まあ、フランスは、もともとはトランプ政権には反対なんだろうけれども、「国際正義」の観点から言えば、「シリアはあるまじき」「ロシアの応援《おうえん》、あるまじき」と

郵便はがき

料金受取人払郵便

赤坂局承認

9429

差出有効期間
平成31年2月
28日まで
(切手不要)

1 0 7 - 8 7 9 0

112

東京都港区赤坂2丁目10－14
幸福の科学出版(株)
愛読者アンケート係 行

ご購読ありがとうございました。お手数ですが、今回ご購読いただいた書籍名をご記入ください。

書籍名

フリガナ お名前	男・女	歳
ご住所 〒 都道府県		
お電話 (　　) —		
e-mail アドレス		
ご職業 ①会社員 ②会社役員 ③経営者 ④公務員 ⑤教員・研究者 ⑥自営業 ⑦主婦 ⑧学生 ⑨パート・アルバイト ⑩他 (　　)		
今後、弊社の新刊案内などをお送りしてもよろしいですか? (はい・いいえ)		

愛読者プレゼント☆アンケート

ご購読ありがとうございました。今後の参考とさせていただきますので、下記
の質問にお答えください。抽選で幸福の科学出版の書籍・雑誌をプレゼント
致します。(発表は発送をもってかえさせていただきます)

1 本書をどのようにお知りになりましたか?

①新聞広告を見て [新聞名:]
②ネット広告を見て [ウェブサイト名:]
③書店で見て ④ネット書店で見て ⑤幸福の科学出版のウェブサイト
⑥人に勧められて ⑦幸福の科学の小冊子 ⑧月刊「ザ・リバティ」
⑨月刊「アー・ユー・ハッピー?」 ⑩ラジオ番組「天使のモーニングコール」
⑪その他 ( )

2 本書をお読みになったご感想をお書きください。

3 今後読みたいテーマなどがありましたら、お書きください。

ご感想を匿名にて広告等に掲載させていただくことがございます。ご記入いただきました個人情報については、同意なく他の目的で使用することはございません。

ご協力ありがとうございました。

いう考えだろう、たぶんな。

だけど、ここもまた三国志的になってきたが、まあ、インドが出てくるか、ロシアが出てくるか。

プーチンも「終身制」みたいな感じになりつつある。これも、なかなか、したたかな大物なんで。

里村　ええ。

司馬遼太郎　いやあ、プーチンも習近平も手強《てごわ》いし、もし、彼らが自分たちの傀儡《かいらい》として金正恩を使おうと本気で考え始めたときは、日本はもう「命乞《いのちご》いの世界」に入るなあ。

8　愛国心の原点

三島由紀夫《みしまゆきお》後の五十年は

吉川　そうした危機的な状況《じょうきょう》のなかで、日本では、「男のなかの男」が求められると思うのですけれども、司馬遼太郎先生の考えられる武士《もののふ》とはどのようなものか、教えていただきたいと思います。

司馬遼太郎　いやあ、まあ、三島由紀夫《みしまゆきお》先生がなあ、自衛隊で檄《げき》を飛ばしたけど、結局、自衛隊員はせせら笑ってさあ。

「このままじゃ駄目《だめ》だ。自衛隊、決起せよ！　国を護《まも》る勇気が必要だ」と、憂国《ゆうこく》の情でもって、鉢巻《はちま》きして決起に行ったけど、結局、自衛隊員はせせら笑った。それで、割腹《かっぷく》して、首を斬《き》られて果てたわな。あれからもう五十年近く歳月《さいげつ》が流れたな。

里村　ええ。

司馬遼太郎　だけど、三島さんも、こんなに時間がかかるとは思っていなかっただろうなあ。おそらくは、一九七〇年ごろだったと思うけど、まあ、自分が割腹したら、十年やそこらで、ねえ？　一九八〇年ぐらいには、安政《あんせい》の大獄《たいごく》のあとの明治維《い》新《しん》みたいになるんじゃないかと考えていたと思うが、まさか、ここまで引っ張るとは思っていなかっただろうな。

綾織　今の日本で、明治維新のときのように愛国心が立ち上がってこない一つの大きな理由としては、特に、保守の勢力だと思うのですが、信仰心《しんこうしん》がちょっと薄《うす》く、唯物論《ゆいぶつろん》的な考え方が強くて、なかなか、愛国心というものをまともに訴《うった》えられないところがあるのかなと思います。愛国心と信仰心の部分については、いかがでしょうか。


司馬遼太郎　意外にね、信仰心を科学が潰《つぶ》してるんだよね。

文部科学省みたいな感じにしてさ、「科学的でなければ学問的でない。　学問的でないものは実証的でなく、この世では真理ではない」というような考えがあるからさ。それはねえ、「ドグマ」だよ、一種のな。これもまたドグマでしてね。マルキシズムの代わりのドグマみたいなもんです。

科学なるものは、先端《せんたん》まで行けば面妖《めんよう》なもので、奇々怪々《ききかいかい》ですから。いやあ、もう神話の世界ですよ、科学の先端は。ほんとの神話の世界で、まったく分からない。

君らだって、「(宇宙は)百四十億か百五十億年前に、宇宙の一点が爆発《ばくはつ》してできた」とかさ、見てきたようなことを言われたって、そんな簡単に信じられるか?

「ひも状のものが宇宙にあって、それがつくっている宇宙がある」だとかさ、そんな簡単に、見てきたように信じられるか?
もう、「生命は、神様のように（人間が）つくれる」っていう気持ちになってるけど、「魂《たましい》との関係」の問題については、実は、解明はされていないわな。

地獄界《じごくかい》を描写《びょうしゃ》する映画

司馬遼太郎　だけど、現実には、もう今はCGが発達してさ、映画なんかでも、いわゆるCG効果が、地獄《じごく》を映像化して観《み》せる、極《きわ》めて便利な道具になってるからさ。作者たちは、地獄のインスピレーションを直接受けている。私らのインスピレーションなんか受けられないから、地獄のインスピレーションを受けてさ。

里村　ああ……。

司馬遼太郎　何度殺されても生き返る人間とか、粉々になっても（元に）戻《もど》ってくる人間とか、そんなのがよく出てくるでしょう？

里村　はい。

司馬遼太郎　「命をつくり出すよ」みたいな感じで、復活して生き返る。唯物論的な人間が、「この世で永遠の生を持つ」みたいな感じのが、チャンバラものをはじめ、いろんなもので出てるでしょう？

例えば、何だったたっけなあ。うーん、木村拓哉《きむらたくや》が演《や》ってた、斬られても斬られても死なないやつ。何だか、そんなのがあったじゃないか（映画「無限の住人」／二〇一七年公開／ワーナー・ブラザース映画）。

里村　はい。

司馬遼太郎　とか、今、佐藤健《さとうたける》とか若い人が演っているが、「亜人《あじん》」（二〇一七年公開／東宝）か？

里村　はい。「亜人」です。

司馬遼太郎　斬られても、分子とか原子みたいになって、また元に戻って、何回でも復活できる。あれは「地獄の話」だよね、実際はね。

里村　うーん。

司馬遼太郎　あれは等活《とうかつ》地獄というところで、斬られても斬られても、また復活する（『悟《さと》りに到《いた》る道』〔幸福の科学出版刊〕等参照）。

里村　等活地獄ですね。はい。

司馬遼太郎　あるいは、「みんな一斉《いっせい》に蘇《よみがえ》れ」って言ったら、死んだ人がみんな生き返る。何回チャンバラして死んでも、首を斬られても生き返る。自殺地獄のところでも、ビルから飛び降りて自殺して、ペシャンコになったり、電車に飛び込《こ》んで死んだりしても、また生き返る。地獄では、何回でも繰《く》り返し起きてることですよ。

里村　はい。

司馬遼太郎　今、そういうものがCGでつくれることによって、映画館のなかで地獄界がつくれるようになってきている。

あとは、何だ、「鋼の錬金術師《れんきんじゅつし》」（二〇一七年公開／ワーナー・ブラザース映画）か何か知らんけどねえ、あれはイタリアの話みたいになってるのか？　まあ、本当は錬金術とはまったく無縁《むえん》の内容ではあるんだけども、それも似たような傾向《けいこう》かな。そういう「永遠の生命を持つ」っていうことを……、「賢者《けんじゃ》の石」か錬金術か何か知らんけども、それで、いくらでも生きられるみたいな人間が出てくる。こんなようなのばっかり、いっぱいつくってるじゃないか。

里村　ええ。

司馬遼太郎　なあ？　これ、実際、地獄界にあるんだよ。だから、永遠の生命を持ってるんだよ。永遠の生命を持ってるんだけども、悪をなすことにおいて、永遠に続いているんでね。人を殺し続ける、粉砕《ふんさい》する。かつての針の山、血の池地獄、それから、カミソリの刃《は》がいっぱい出てくる刀葉《とうよう》林《りん》の地獄。木の葉っぱが全部カミソリになっていて、美女が木の上にいるから上に登れば、その刃が下に向いて切れて、上に行ったら、今度は美女が下に移っているから下に下りると、刃が全部上に向いて体が切り刻まれるっていう、こんなような地獄とかさ。いっぱいあった地獄が、今、現代的な地獄になって、映画を観たら、もう再現されてますよ。

国を立て直すために戦う宗教

司馬遼太郎　天上界《てんじょうかい》？　まったく再現されてません。天上界の映画なんかありませんよ。

里村　はい。

司馬遼太郎　君たちが、今、努力してるところだろうけど、君たちの力じゃ及《およ》ばないぐらいの感じだね。地獄のほうは、もう、実にリアルにできてるから。

里村　そして、エンターテインメントとして楽しげにつくられているわけですね。

司馬遼太郎　そうそう、いくらでもできてる。天上界の力は弱まりつつあるから、それで、さらに信仰心が減ってきているわな。

里村　はい。

司馬遼太郎　それで、左翼《さよく》思想で、平等思想で、英雄《えいゆう》を認めない。神が……、だから、あなたがたの史観は、「司馬史観」を補うもので、「天使だとか、菩薩《ぼさつ》とか、如来《にょらい》とかいうような人たちが、何百年かに一回か、何千年に一回か出てきて、国の立て直しをやる」っていうような史観だろう？

まあ、宗教はみんな「お立て直し」だよ、基本的にね。そういう天から降りた人が、神の声を伝えながらお立て直しする。「革命思想」だよね。そういうのを否定する思想が、「左翼の平等史観」であるんで。

いや、大きな戦いなんだけど、言論的にも現実的にも、なかなか勝てない。

左翼《さよく》の凡人《ぼんじん》史観

司馬遼太郎　私が死んで、それから、またその史観のところが……、左翼《さよく》のほうは、もう、これ、凡庸《ぼんよう》史観だからね。

里村　そうですね。凡庸史観。凡人史観ともいいます。

司馬遼太郎　本当ねえ、凡人がいくらでもつくれる史観。

里村　ええ。

司馬遼太郎　全部、自分と同じような世界にしようとしているわけだから。自分のような人間しかいないわけだから、この前も、坂本龍馬《さかもとりょうま》も、何だ、松陰《しょういん》先生か。●吉《よし》田《だ》松陰も、「教科書から消す」とかいう噂《うわさ》が出た。

里村　教科書から。はい。

司馬遼太郎　まだ反対が多いので、また戻るかもしらんとか言ってるらしいけど。

いやあ、そう見えるんだろうと思うんだよ。本当に、普通《ふつう》の自分らと同じように見えるんだよ。

だから、吉田松陰が、学校の教員を辞《や》めて〝フリー

●**吉田松陰**（1830～1859）　長州藩出身の幕末の志士、兵学者、陽明学者。別号、「二十一回猛士《もうし》」。松下村塾《しょうかそんじゅく》で弟子を教育し、高杉晋作《たかすぎしんさく》、久坂玄瑞《くさかげんずい》、伊藤博文《いとうひろぶみ》らの優秀な人材を数多く輩出した。29歳のときに「安政の大獄」で処刑されるが、その思想的影響は大きく、後の明治維新の原動力となった。

ター〟をやったり、塾《じゅく》をやって、学習塾の教師をやったりしている程度にしか見えないんだよ。凡人史観だと、自分と同じに見える。

●坂本龍馬っていうのは、もう、ただの〝ブローカー〟で、口で出まかせを言って、借金をこしらえては、何かやってやろうと思ってる、山師《やまし》にしか見えないんだよ。本当に見えないんだよ、凡人史観から見たら。本当に、志《こころざし》はまったく見えないんだよ。

西郷隆盛《さいごうたかもり》っていうのは、そらあ、もう、相撲《すもう》を取るぐらいの人にしか見えないんだよ。殿様《とのさま》と相撲を取って、認められるぐらいの、その程度の人間にしか見えないんだよ。

だからねえ、いや、これに勝てるかなあ、凡人史観に。

●**坂本龍馬**（1835～1867）　土佐藩出身の幕末の志士。北辰一刀流《ほくしんいっとうりゅう》の千葉道場塾頭を務める。28歳で脱藩し、勝海舟《かつかいしゅう》に出会う。貿易会社と政治組織を兼ねた亀山社中《かめやましゃちゅう》（後の海援隊《かいえんたい》）を結成。また、薩長同盟の斡旋、「船中八策《せんちゅうはっさく》」の提案、大政奉還の成立への尽力など、倒幕および明治維新に大きな影響を与えた。

里村　その凡人史観、凡庸史観からは、やはり、愛国心は生まれてこない？

司馬遼太郎　生まれるわけないじゃない。

自分とみんなが同じであってほしいんだろう？　「一人一票の世界」を……、だから、本当は収入も一緒《いっしょ》にしたいんじゃないの？

税金のあれもそうだけどさ、一代で金を儲《もう》けたり、企業《きぎょう》をつくったりするような人間は全部否定したいんじゃないの？

役所もそうだけどね。そうなってるけどさ、だいたい。年次で上がって、六十で辞めてって、もう、この繰り返しだから、誰《だれ》でも一緒だ。まあ、次官なんか（のクビを）切ったって、何人でも出てくるんで、誰がやったって一緒なんだろうけどさ。だいたい、そういう凡人史観だよね。

里村　はい。

司馬遼太郎　基本的に、妙《みょう》な平等史観があるから、エリートがエリートになれないんだよ。凡人史観なんだよ。だから、そういう傑出《けっしゅつ》した人は認めない。だけど、歴史を勉強してる者にとってはね、それは、やっぱり、目が曇《くも》ってるとしか言いようがない。サングラスをかけて歴史を読んでる状況だな。

里村　凡庸な人の営《いとな》みで、たまたま国ができているというような感じでしかないと。

司馬遼太郎　「たまたま」なんだよ！　「アメーバがいっぱい発生したら、集団ができて、それが国になった」みたいな、そういう考えなんだよ、基本的にね。

象徴《しょうちょう》機能を果たさない天皇

里村　そこには、「愛すべき国」や「誇《ほこ》るべき国」、「遺《のこ》すべき国」というような考え方が生まれてこないわけですね。

司馬遼太郎　神もなければ、英雄もいないんだよ。だから、もちろん、あなたがたが言う菩薩も如来もいないんだよ。

天皇陛下《へいか》だって、もう見てみなさいよ。やってることは、もう、外交？　外交と称《しょう》して、象徴《しょうちょう》的にお言葉を交《か》わす、そういう晩餐会《ばんさんかい》とかを、年百五十回か何か知らんけどやってるし、あとは、被災地《ひさいち》を回ってる。そのあと、首相が回って大臣が回って、同じようなことをしている。

やっぱり、そのなかに、精神的な一柱《いっちゅう》を入れられない。要するに、「しゃべっちゃいけない」みたいなので、自分を縛《しば》ってるわけだけどさ。だけど、それで、「国民の総意に基《もと》づく地位」だとおっしゃる。国民の総意に基づく人なら、精神的な一《ひと》言《こと》が欲《ほ》しいわね。明治天皇だって、昭憲《しょうけん》皇后（皇太后）だって、和歌のなかで言葉を詠《よ》んでるわな、少なくともな。

里村　うーん、そうですね。

司馬遼太郎　やっぱり、象徴としての機能を果たしてるとは言えないんじゃないかなあ、うーん。もともと〝骨抜《ほねぬ》き〟にしてるんだろうからさ。

9　目覚めよ、日本人

日本人が目覚めた三つの時代

吉川　私などは、司馬先生の『竜馬《りょうま》がゆく』や『義経《よしつね》』といったものを、中学生や高校生のころに読ませていただいて……。

司馬遼太郎　中学生、高校生で読めた！

吉川　はい、あの……（笑）。

司馬遼太郎　繰《く》り返し言っとかなきゃいかんな。

吉川　（笑）

司馬遼太郎　今、学力が下がってるんだ。今の新卒の方はね、ちょうど、ゆとり学習全期間を経験なされた方々であるから、中学、高校で読めないんですよ、もう。

吉川　私は、司馬先生の本を読んだことで、すごく日本が好きになったというか、こんな偉大《いだい》な人たちが日本をつくってきてくれたのだなと、感動しました。

ただ、今の若い人たちは、「愛国心」と言うとあまりよく分からないというか、特攻隊《とっこうたい》などにしても、「そういう状況《じょうきょう》になったら、人間、そうなるだろうよ」というような捉《とら》え方をされる人も多いようです。そのため、若い人から愛国心が失われつつあるのではないかと感じるのですけれども、そういった……。

司馬遼太郎　（愛国心が）ないんじゃない？

吉川　（苦笑）

司馬遼太郎　「失われてる」んじゃなくて、もう「ない」んじゃない？　「失われつつある」んじゃなくて。

吉川　若い人は……。

司馬遼太郎　うん。考えたこともないんじゃないの？

だからね、「国」ということを考えていた人は、歴史上いるかもしれない。やっぱり、外国からの脅威《きょうい》があって、「国」というものが見えてくることはあるわけよ。

「国」というものが見えたときがあるとしたら、例えば、「壬申《じんしん》の乱」の主役にもなったけども、中大兄皇子《なかのおおえのおうじ》（天智天皇《てんじ》）が百済《くだら》で新羅《しらぎ》と戦争したときは、やっぱり、「国」という意識は、たぶん持っていたんではないかと思われます。

あるいは、鎌倉《かまくら》時代、北条時宗《ほうじょうときむね》の時代ですね。武家政権が立っていたのには、やっぱり、「国」という意識が一部あった。剣禅一如《けんぜんいちにょ》の精神のなかで、「国」というものは見えてきていたと思うんですよね。

あと、もう一つは、幕末のときだよね。だから、（当時はまだ）藩《はん》の連合体みたいに思っていた。それはアメリカの州に似てるけど、藩はそれぞれ別の国で、殿様《とのさま》が押《お》さえていて、幕府だって密偵《みってい》を送っても殺されるような、そういうあれだったのが、坂本《さかもと》龍馬あたりの頭のなかに、やっぱり、「日本」という国や「日本人」という概念《がいねん》がふつふつと湧《わ》いて見えていた。それを形に表そうとしていたと思うんだよね。

まあ、（愛国心は）そういう危機のときに現れるんで。だから、今は、やっぱり、危機なんですよ。本当は危機なんだけど、この国という、まあ、何て言うかな。

「愛国心」と言っても「国難」と言っても通じない世界っていうのかなあ。

そこで、もし、英雄《えいゆう》的な人が出てきたら、まずは週刊誌ぐらいで潰《つぶ》しにくるだろうね。「日本がほかの国より優《すぐ》れていてもいけない」ぐらいの感じなんだよな。知らずして、まあまあ暮らしがよくなっていればいいぐらいの感じかな。

宮澤喜一《みやざわきいち》とその弟子《でし》たちの影響《えいきょう》

里村　もちろん、若い人だけではありませんけれども、日本人に「愛国心」という認識を持っていただくためには、どうしたらよいのでしょうか。すでに大変な危機的状況が現れているにもかかわらずですけれども。

司馬遼太郎　いや、戦後史観から抜《ぬ》けなきゃいけないんだろう。

司馬遼太郎（の史観）で、だいぶ抜け出したと思ったんだけども。そして、ソ連が崩壊《ほうかい》したことで、これで「いける」と思ったのに、なんでまた「左」に寄っていくのかがねえ。だから、それがフェアでないんだよな。
ソ連が崩壊したときに、その実態を見て、左翼《さよく》のジャーナリズムや言論人たちは、その実態について、自分らが言ったこと、間違《まちが》ったことをちゃんと謝罪すべきだったのに、問題をすり替《か》えたんだよ。
本来、この左翼史観に基《もと》づく戦後運営に間違いがあったことを謝罪すべきときに、従軍慰安婦《じゅうぐんいあんふ》の謝罪を政治家にやらせたり、同時に、今度はバブル崩壊のことで、一生懸命《いっしょうけんめい》、新しい混沌《こんとん》を生み出したりして、目先をそっちのほうに持っていっちゃったわね。

里村　はい。

司馬遼太郎　だから、「これは、マルクスの予言が当たったことによる資本主義の崩壊」みたいに見える方向に持っていった。実は、マルクスの予言のなかに、「平等によるプロレタリアート（労働者階級）の団結で世界が統一される」みたいな感じのがあったけど、同時に、「資本主義社会は絶対に崩壊する」っていうのが、もう一つあったよね。「恐慌《きょうこう》によって崩壊する」っていうのがあったけども。

まあ、自分らで起こして、逆に、「マルクスの予言が、こちらのほうで当たったぞ」みたいな感じ？　「ソ連は崩壊したかもしれないけど、日本ではちゃんと当たったぞ」っていうような感じで〝ドロー（引き分け）〟にして見えなくしてしまった。

こういうところが、何て言うかな、正直にコンフェッションと言うか、懺悔《ざんげ》、告白ができていないよなあ。

里村　九〇年代前半のソ連崩壊とバブル崩壊は、本当に重なりましたからね。

司馬遼太郎　見事に。見事にやられた。

里村　はあ。

司馬遼太郎　宮澤喜一《みやざわきいち》さんは秀才《しゅうさい》だったかもしれないけれども、あんたがたが「（過去世《かこぜ》は）●菅原道真《すがわらのみちざね》」とか言ってるだけのことはあって、祟《たた》り神として〝日本に祟っている〟感じは、やっぱりあるよ。

里村　ということは、日本の戦後史、戦後思想史、あるいは戦後史観への反省と決別がきちんとできていないというのが、やはり、今の日本から愛国心などといった議論が出てこない大きな理由……。

司馬遼太郎　まあ、宮澤喜一さんと、その弟子《でし》みたいな感じの政治家たちが、たぶん、戦後の学者たちの影響《えいきょう》を受けて、憲法学者たちや法律学者たちの影響もそうと

●菅原道真……　幸福の科学での以前の霊査により、宮澤喜一元総理の過去世の一つは、「平安時代に大宰府《だざいふ》に左遷され、死後、怨霊《おんりょう》となった」と伝承されている菅原道真であることが判明している。『悟りに到る道』（幸福の科学出版刊）、『宮澤喜一 元総理の霊言』（幸福実現党刊）参照。

う受けて、秀才だからこそ、勉強すれば（その影響が）抜けない。安倍《あべ》さんなんか勉強していないから入ってもいない。憲法も読んだこともないかもしれない方ですけども。

まあ、見事に〝うっちゃり〟を入れられた感じかな。うんうん。

出《い》でよ、使命感の人

綾織　そうした戦後史観を脱却《だっきゃく》できていないなかで、もし、司馬先生が今、新しく小説を書き、それが映画化されるような流れになるとしたら、どのようなテーマによって国民を啓蒙《けいもう》していきますか。

司馬遼太郎　いや、やっぱり、ものすごく強靱《きょうじん》な精神力を持った人は必要だと思いますね。もう、あらゆる非難の嵐《あらし》、矢の嵐を受けて、全身ハリネズミみたいになっても、それでもやめない。

ある意味では、「日蓮精神《にちれん》」だよな。辻説法《つじせっぽう》をして、石を投げられる。あとは、首を刎《は》ねられそうになる。島流しにされる。それでも、言《げん》を曲げない。そういう日蓮精神みたいなものだし。まあ、そんな感じかなあ。

だから、全身ハリネズミになってもやり続けるだけの使命感を持った人間が、出てこなければいけないと思うんだよね。

10 目覚めよ、幸福の科学

幸福の科学職員は〝サラリーマンの避難《ひなん》民〟

司馬遼太郎　まあ、幸福の科学には、そういう気《け》はあったんだけども、うーん、残念。言いにくいが、弟子《でし》たちが足を引っ張ったなあ。かなり弱かったなあ。弟子のつくった、何て言うか、うーん……。

弟子のところは、やっぱり凡庸《ぼんよう》だったな。まあ、普通《ふつう》のサラリーマン社会の移行にすぎない部分があったね。

里村　確かに、英雄《えいゆう》が出ようとしてくるのに対して、やや平均的なもののほうを優先したようなところはございます。

司馬遼太郎　やっぱり、総裁にね、何て言うかなあ、「弟子の扶養《ふよう》義務を課した」わなあ。

里村　うーん……。

司馬遼太郎　これは大きかったんじゃないか？　だから、坂本龍馬《さかもとりょうま》みたいに、三千両を借りても踏《ふ》み倒《たお》すぐらいのねえ、器量が欲《ほ》しかったな。

里村　（笑）

司馬遼太郎　それで突《つ》っ込《こ》んでいくのならいいけど、「弟子を養う扶養義務」を総裁に負わせたわな。

まあ、これが残念ながら、「出家《しゅっけ》」と言いつつ、〝サラリーマンの避難民《ひなん》〟であったことを意味しているところでもあるんでね。

弟子のところも、これは、やっぱり……。まあ、世間《せけん》が大きいからね、負けるところはあったとは思うけどなあ。

革命期を彩《いろど》る三つの人物像

里村　そこは、司馬先生のお言葉を本当に率直《そっちょく》に反省しつつ、先ほどおっしゃった、「何があろうとも、ハリネズミのようになろうとも進んでいく人間をつくっていく」ということを、私たちも実践《じっせん》していきたいと思っています。

また、われわれのみならず、そういう人たちが増えていくように努力したいと思いますし、「日本を愛し、護《まも》る」ということを考えていきたいと思います。

そのために必要なのは、やはり、信仰心《しんこうしん》ではないかと思うのですけれども。

司馬遼太郎　いや、そらそうだよ。信仰心に裏づけられた背骨みたいな、何て言うか、人間としての芯《しん》の強さだよなあ。

だから、それを持たなきゃいけないんだけど、やっぱりねえ、さっき「凡庸化」って言ったが、「凡庸化」って「サラリーマン化」と似たところがあるわけよ。

里村　なるほど。

司馬遼太郎　結局、「この世の寿命《じゅみょう》を全《まっと》うしたい」っていうかさ、「よき人生だったかな」という、「平凡性のなかに人生を終わりたい」っていう気持ちがあるんだよなあ。

だから、本当に、「自己犠牲《ぎせい》の精神」が失われてるんだよな。

里村　ああ……。

司馬遼太郎　自己犠牲の精神が何のためにあるか。

それはねえ、来世《らいせ》を信じていなければ、そして、「あの世から送ってこられた光の使者たちが、どういう生き方をしてきたか」ということを信じていなければ、理解できなければ、イエスだって、ジャンヌ・ダルクだって、フスだって、吉田松陰《よしだしょういん》だって、みんな凡人さ。凡人ってバカな人で、この世的な計算、打算ができなかった人間にしかすぎないだろうよ。

そう思うだろう？　この世的に成功できなかった、ねえ？　この世で位人臣《くらいじんしん》を極《きわ》めたほうが、そらあ上だろうよ。そう思うだろう？

だからね、やっぱり、まずは「情熱の火の玉」みたいな人が第一陣《じん》で出てきて、その次に、それ

●ジャンヌ・ダルク（1412～1431）　英仏の「百年戦争」で、フランスを勝利に導いた英雄。「オルレアンの少女」と称される。神の啓示を受け、17歳で陥落寸前のオルレアンから英軍を撃退するが、その後、宗教裁判で異端判決を受け、火刑に処せられた。（上）シャルル7世戴冠《たいかん》式のジャンヌ・ダルク（ルーブル美術館蔵）。

を組織化して拡大していく人が出てきて、最後に、それを完成させる人が出てくる。

その三段階の人材は、やっぱり、どうしても必要なんだけど、「後続の人材」がもういないと見て、総裁が一、二、三段階を全部やろうとしている分、「最初の火の玉」の部分が弱くなっているんだよ。第二段階、第三段階のところまで総裁が考えてやろうとしてるから、その分、弱くなって、こぢんまりしている部分があるわなあ。

セクショナリズムと凡人《ぼんじん》主義

司馬遼太郎　だから、悲しいけど、まあ、幸福実現党はもう九周年かい？（注。幸福実現党は二〇〇九年五月二十三日に立党した）もうすぐだけど、このままでは維新《いしん》どころか、うーん、〝農村維新〟ぐらいだったらできるかもしらんけどなあ。

●ヤン・フス（1370ごろ〜1415）　ボヘミア地方出身の宗教改革者、ベツレヘム礼拝堂の主任司祭、プラハ大学学長。聖書のチェコ語訳を行うなど、民衆の教育にも力を注いだが、ローマ教会の堕落を批判し、改革に着手したことで異端とされ、火刑に処せられた。（上）コンスタンツ公会議でのヤン・フス（Václav Brožík 画）。

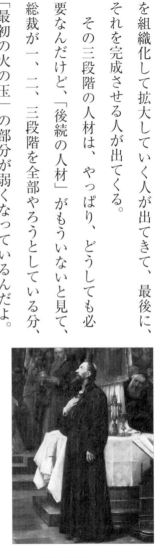

〝農村の立て直し〟ぐらい……。ハッハッハッハ（笑）。

里村　大川総裁の思いを受けて行動している、われわれ弟子たちのふがいなさを本当に反省いたします。

幸福実現党はまだまだ結果が出ていませんが、われわれとしては石にかじりついてでも活動していく覚悟《かくご》です。

実際に、黒船来襲《らいしゅう》から維新までは十四年ぐらいの時間があって、その間の戦いにおいては、いろいろな局面がありつつも、最終的には引っ繰《く》り返していきました。

現在、幸福実現党は九年目でまだまだとはいえども、やっていかなければならないと思っているところです。

司馬遼太郎　いや、私は宗教のほうの中身はよく知らないけど、まあ、支部長なんかがいるのかもしらんが、そのへんは、もうちょっと「熱血火の玉のような人」がいればね、人は集まると思うんだよ。

だけど、支部に人が集まらんそうじゃないか。総裁の講演会とかには来るけど、支部長の話なんか聴《き》きに来ないから、支部に来ないって言ってるじゃない。だから、政治運動をやったって、そんなものは勝てるはずがないわな。

だから、本部から出ている目標の達成ばかりやってる〝サラリーマン支部長〟になっとるんだろう、実際は。

そして、そういう実績をあげれば、翌年《よくとし》は〝ノルマ〟がきつくなるから、あげないように調整しながらお互《たが》いに横並びでやっている。銀行や役所や、そんなところと一緒《いっしょ》のことをやってるからさ。まあ、人間の根性《こんじょう》だわな。

しかたがないけど、やっぱり、出家は結婚《けっこん》しちゃいけなかったのかもね、ほんとはね。結婚したためにそうなったのかもしれないから。

里村　確かに、聖務《せいむ》のかたちとしては、事務仕事であったり、この地上に見られる仕事と似ていたりするものもあるかもしれません。
ただ、結局、中身において、結果において違《ちが》ってくるのは、先ほどもテーマに出ました、「武士《もののふ》たらんとする心があるかどうか」だと思います。

司馬遼太郎　どうせ、セクショナリズムだろ？　平等主義以外のところは、凡庸《ぼんよう》主義でセクショナリズム？　だから、自分たちの組織でも、セクションで分かれて〝斬《き》り合う〟みたいな感じかなあ。

食っていければそれでいいのか

里村　そうした凡人史観や凡庸史観、あるいはサラリーマン根性など、そういうものを捨てるために、今一度、司馬先生から、あるべき「武士の心」について、ぜひ教えを頂きたいと思います。

司馬遼太郎　（前掲《ぜんけい》『司馬遼太郎なら、この国の未来をどう見るか』を掲《かか》げながら）だからねえ、この段階で、私の『竜馬《りょうま》がゆく』が二千万部以上とか、『坂の上の雲』も二千万部売れたりしたとか紹介《しょうかい》してくれてるけどさ、私の文章は、それは、おたく様の某《ぼう》女優さんが言っているとおり、読みにくくて、なかなか読めないよね？
君が仕《し》掛《か》けて失敗したんだろうが。

里村　いやいや（苦笑）。

司馬遼太郎　ええ？『竜馬がゆく』（全）八巻は読めんっていうことで、恥《はじ》をさらすようなことを、まあ、君、〝内部自爆《じばく》〟っていうか、〝被爆《ひばく》〟しているじゃないか。

里村　いえいえいえ（笑）。

司馬遼太郎　だから、これ、二千万部以上売れたんだってことは、私の『竜馬がゆく』ぐらいは二千万部読まれるということで、日本じゃ、字が読める人はほとんど読んだっていうぐらいのレベルでなきゃいけないわなあ。

私の本は翻訳《ほんやく》したって、外国じゃ読めないからさあ。日本人がやたらと出ているんで、分かんないからね、読めないんだけど。

大川隆法さんの本なんかは、もっとずっと分かりやすく書いてくれているじゃないですか。

里村　はい。

司馬遼太郎　これで君らはちゃんと仕事をしとるのかっていう感じは、やっぱり、私はするわけよ。ねえ？　やってるのか？

里村　はい。

司馬遼太郎　あんな難しい司馬遼太郎の本で二千万部売れてるのにさあ、大川隆法さんの本では、どうなんだいっていうところ？

だから、君らは、やっぱりサラリーマン社会になってるのと違うかっていうこと。「自分たちが食っていければ、もうそれでいいんじゃないか」という、そういう感じはするわな。

里村　今、「武士の心」ということからお叱《しか》りを頂きましたけれども、そこは本当に、この時代に降りた使命というものを自覚しなければいけないということですね。

もっと突撃《とつげき》して城攻《ぜ》めせよ

司馬遼太郎　マザー・テレサのところなんかは、「商品」なんか何もないだろうが。

なあ？　もう、困った人を助ける、病人を助ける、それだけの奉仕《ほうし》活動しかなくて、全世界で活動して、あれで尼《あま》さん（シスター）が四千人もいるとか言ってるんだろう？

君らは、あまりにも日本社会の縮図的な組織になりすぎていて、そういうところが発展を止めているというかさあ、やっぱり、革命勢力になりえていないところなんじゃないかなあ。

だから、内閣や大臣、次官、あるいは国税庁長官等、あのへんを攻《せ》めている「文《ぶん》春《しゅん》」や「新潮《しんちょう》」、そのレベルのものに悪口を書かれないようにブロックするのが、（幸福の科学の）広報局のせいぜいの仕事ぐらいになっているんじゃないの？

里村　なるほど。はい。

司馬遼太郎　でも、ブロックするだけじゃ駄目《だめ》なんだよ。

盾《たて》は要《い》るんだよ。盾は要って、それで亀甲《きっこう》みたいに囲んでいくけど、やっぱり突《とつ》撃《げき》して「城攻め」をしなけりゃ駄目なんだよ。そこなんだよなあ。

里村　司馬先生からご指導を頂くと、本当にそう思います。「尊いもののために、この命、散らさん」というところがまだまだ足りないと自覚しています。

司馬遼太郎　うーん……。まあ、急いで三島由紀夫《みしまゆきお》になってしまったらいけないと思うから、大川総裁のほうは組織をつくってやろうとしているんだろうけど、組織をつくったところが、やっぱり、日本人のこの凡庸性に引きずられて、普通の会社みたいになっちゃったということになっているわね。

まともに扱《あつか》われようと思いすぎるな

綾織　司馬先生は、幕末の時代についてさまざまな小説を書かれました。

そこで、長州藩《ちょうしゅうはん》の異常性ということを何回も何回も繰り返されていて、ある意味、吉田松陰を〝教祖〟とする狂信《きょうしん》的な集団が、火の玉のように日本を変えていったことが書かれていました。

司馬遼太郎　だから、今のまま、唯物《ゆいぶつ》的にこの世的に、平凡ジャーナリズム的に見りゃあ、吉田松陰なんかテロリストにしか見えないだろうよ。

里村　実際に、そういうことを言う人もいます。

司馬遼太郎　そういうふうにしか見えないだろうと思うよ。だけど、「いったい何をやろうとしたのか」っていうところだよね。

それは、「ジャンヌ・ダルクがキリスト教会を揺《ゆ》るがす魔女《まじょ》だった」というのと、まあ、ほとんど同じようなもんでしょう？

里村　ええ。

司馬遼太郎　だから、イエスが指導するのなら、教会のトップから指導して、順番に下ろしていき、その命令で動くのなら分かるけれども、「そんな農村の無教養な少女に（啓示《けいじ》が）降りてくるなんて、イエスは裏切り者だ。許せない」っていう感じだわなあ。

里村　はい。

司馬遼太郎　そんなことをするぐらいだったら、弟子のほうが「反乱」を起こして、「イエスが送ったかもしれないけれども、そちらを〝消して〟しまったほうが教会は安泰《あんたい》だ」という、まあ、ドストエフスキーが書きそうなことを、やっちゃうわけだよね？　現実にはな。

だから、君たちはね、やっぱり、あまりまともに扱《あつか》われようと思いすぎているんじゃないかという心配は、ちょっとあるなあ。

里村　なるほど。

「キ印《じるし》」人間になれ

司馬遼太郎　君も、やっぱり、「キ印《じるし》」の部分は残しておいたほうがいいよ。

里村　はい（笑）。

司馬遼太郎　（額《ひたい》を指しながら）このへんに「キ印」の焼印《やきいん》をポンと押《お》しておいて、いざとなったら、「普通の人間と違います。見てください」と言って、これをペリッと剝《は》ぐ部分が、ちょっと要るんじゃないかなあ。

里村　いや、そのお言葉をお伺《うかが》いすると、だいたい、私のような者が、普通の人間らしくしていることが間違っていると思います。

司馬遼太郎　間違いだよ。

里村　はい。

司馬遼太郎　ほんっとねえ、だいたい、君なんかが子供を育てようなんていうのが間違っているんだ。カエルなんかはねえ、もう卵を産んでおけば勝手に繁殖《はんしょく》するんだからさ。

里村　カエル……（笑）、はい。

司馬遼太郎　オタマジャクシなんて、だいたいそんなものなんだからさあ。そんなところでまともになろうというところに間違いがあるよな。

里村　ええ（笑）。なるほど。

司馬遼太郎　だからねえ、いやあ、これは、私の小説がもう難しくて読めなくなった、ゆとり世代の若者たち？　この二十三歳《さい》以下あたりから、これはもう駄目だと思うけど。

でも、「ほかの本はもう読まんでいいから、せめてこの大川隆法の霊言《れいげん》、この偉《い》人《じん》たちの言葉を読め」と。「これを読まなかったら駄目だ。社会人の教科書はこれなんだ」と。唯物論や偽《にせ》科学者、医者、何か知らないけれども、「ほかの怪《あや》しいやつはもう無駄だから、情報を切れ」と。

里村　そこが、愛国心を涵養《かんよう》していく上で大切だということになりますね。

司馬遼太郎　うーん、そう。神の言葉より大事なものはないし、神にご奉仕している、その高級神霊《しんれい》の言葉を受け入れる人がいたら、それは「ジャンヌ・ダルク現象」が起きなきゃいけないわけで。それを受けた人は、やっぱり、〝火の玉〟にならなきゃ駄目なんだよ。

里村　ええ。

司馬遼太郎　だから、「君らに火の玉精神はあるのか」っていうところだよね。
それがないんだったらさ、来年以降、おたくのつくった大学（ＨＳＵ）を出た人が（教団職員として）入ってくるんだろうが、そいつらに追い出されたってしょうがないと思ったらいいよ。

そいつらも、四年間のうちに飼い慣らされて駄目になっているかもしれない。よきサラリーマンになっているかもしれない。

それは分からんけどさ、いやあ、このままでは済まされませんよ。ねえ？

里村　はい。

司馬遼太郎　（吉川に向かって）あんたもな。スカートなんか穿《は》く必要ないんだよ。

吉川　（笑）はい。

司馬遼太郎　うん。だから、褌《ふんどし》を解《と》いて櫂《かい》を漕《こ》ぐぐらいのね、それは男も女も関係ない。闇《やみ》のなかを漕げば一緒よ。分かりゃあしない。ペリーの船に乗り込むぐらいの気合いを持ってなきゃ、やっぱり駄目よ。

吉川　（笑）はい。

司馬遼太郎　だからねえ、トランプが、もうねえ、やっぱり、年齢《ねんれい》とマスコミの足の引っ張りでちょっと弱気になって、自分の政権期間中に適当な妥協《だきょう》に走るかもしれない。もし、そうなったら、もう日本独自で吉田松陰的に〝暴走〟しなければ、この国、なくなるぞ。

里村　なるほど……。

司馬遼太郎　なくなるぞ。もう護ってくれないよ、どこも。

綾織　はい。

司馬遼太郎　どこも護ってくれないよ。

里村　そうですね。

司馬遼太郎　だから、韓国《かんこく》でも北朝鮮《きたちょうせん》でも中国でも台湾《たいわん》でも、どこででも、まあ、もしかしたら、ドゥテルテ（フィリピン大統領）でも、日本を占領《せんりょう》できるかもしれない恐《おそ》れがあるんだからさあ。

君たちねえ、これ、駄目だよ。駄目だっていうことを知らないといけないよ。危ないよ。本当に危ないよ。

今、「金正恩《キムジョンウン》が折れたから平和になってきた」と思うなら、もう危ないよ。水爆一個落とされて、この日本はもう完全に終わりになるよ。ほんとに。

里村　はい。

司馬遼太郎　アメリカがもう口出しできないで、「中国との友好関係を保つためにニュートラルでありたい」っていう大統領が出てきたら、もうそれで終わりだよ。

里村　要するに、その意味では、幕末に起きたのは日本の維新でしたけれども、今は、やはり、「世界の維新を、日本が単独でも起こすぞ」というぐらいの、当時の長州精神というか、そういうものが必要とされているわけですね。

司馬遼太郎　そうそう。うん。だからね、「アメリカは戦う気がないんだったら、もう第七艦隊《かんたい》を沈《しず》めてしまうぞ」というぐらいの気持ちがないと、やっぱり駄目ですよ。

里村　ああ……。

司馬遼太郎　だから、シリアに百何発撃《う》っているのかは知らんけれども、「一日撃って、これで終わりだ」っていう感じだったら、北朝鮮だって、「威嚇《いかく》して終わり」ぐらいにしたいかもしれないからさ。それは、将来、日本にとってはすっごい恐怖《きょうふ》。ほかの人も言っているとおり、南北朝鮮を統一して、核《かく》武装したミサイル付きの国家ができたら、今度は、日本なんか……。向こうはもう三十五年は奴隷《どれい》にしたいと思っているのは間違いないからさあ、そのときにどう戦うんだよ。

里村　日本人は、やはり、世界の侍《さむらい》、世界の武士にならなければいけないということですね。

司馬遼太郎　いやあ、降参して逃《に》げようとするなら、「台湾に続いて、中国の属州に入れてくれ」って言って、あっちに入り込みにかかるぐらいのことだ。

里村　はい。

司馬遼太郎　それはねえ、やっぱり、明治維新以降の、あるいは明治維新を起こした人たちの尊い魂《たましい》を無駄にすることだと、私は思うがな。

里村　それは、本当に、われわれも肝《きも》に銘《めい》じさせていただきます。

11　中国の植民地になる前に

もっと驚《おどろ》き、表現し、行動せよ

司馬遼太郎　いやあ、もう……。いや、もっとねえ、ちゃんと驚いていただきたいんだよ。

里村　「驚いていただきたい」？

司馬遼太郎　私の小説はさあ、「文藝春秋《ぶんげいしゅんじゅう》」だろうが、ほかのところだろうが、もういっぱい出して、しっかり金儲《かねもう》けしたんだろうしさあ、「産経新聞」にだって載《の》っていたんだろうからさあ、もっと驚けよ。ちゃんと！

里村　はい。

司馬遼太郎　驚いたらさあ、人間、何か表現しろよ！　行動しろよ！

里村　こうしたかたちで、司馬先生のお言葉が伝えられることに対して、ですね。

司馬遼太郎　うん、うん。嘘《うそ》か本当か分からなくても、「言論の自由があり、出版の自由がありますから、はい。それは、著者が責任を持って出せばいいことで、われわれは、内容については関知しません」で済んでいるんだろう？

里村　はい。

司馬遼太郎　全部がそうだよ。驚けよ、ちゃんと！

里村　はい。

司馬遼太郎　なあ？

里村　はい。

司馬遼太郎　私がそういう言葉を降ろしてくることに対して、驚けよ！
「なぜ、降ろしてくるか」っていうことを、考えろよ！

里村　はい。

司馬遼太郎　「危ないぞ」と言っているんだよ。

里村　はい。

司馬遼太郎　だから、北朝鮮《きたちょうせん》にねえ、目先の「冬季オリンピック」と「東京オリンピック」で、平和路線みたいなものを二、三年つくられて、それで逃《に》げ切られて、そのあと攻《せ》め取られるみたいなのを読めないんだったら、もう本当に、将棋《しょうぎ》の十五歳《さい》の棋士《きし》にでも相談したほうがいいよ。「百手先はどうなっていますか」って、訊《き》いたほうがいいよ、ほんとにねえ。まあ、一手先しか読めないんじゃ……。

里村　ええ。でも、今日は、司馬遼太郎先生から、前回にも増して率直《そっちょく》なお言葉を頂いたと同時に、これからの世界の趨勢《すうせい》まで教えていただきました。

われわれは、まさに、ある意味では「キ印《じるし》」となり、そして、「火の玉」となって、進まねばならないと思います。

司馬遼太郎　うん。司馬遼太郎亡《な》く、渡部昇一《わたなべしょういち》亡きあと一年ぐらいで、早くも、もう左翼《さよく》が強くなって、やられかかってきているから。

里村　そうですね。

司馬遼太郎　あのねえ、ここは一つ、ちょっと頑張《がんば》って「火の玉」になってもらわないと。

里村　はい。

綾織　そこは言論として、私も頑張っていきます。

司馬遼太郎　あのねえ、君たち幸福の科学が後世に生き残ることまで考えちゃいけないと思うよ。

綾織　はい。

司馬遼太郎　やっぱりねえ、●東郷平八郎《とうごうへいはちろう》精神でもって、日本海海戦で、「もう全部沈《しず》んでも構わないから、バルチック艦隊《かんたい》を一隻《せき》たりともウラジオストクに逃げ込《こ》ませるな。撃滅《げきめつ》せよ！」って言って、船の横っ腹《ばら》を見せて撃《う》ちまくるという、あの精神は要《い》るんじゃないか。

●**東郷平八郎**（1847～1934）　明治期の海軍大将、元帥《げんすい》。江戸末期の薩摩藩士の家に生まれ、薩英戦争、戊辰《ぼしん》戦争に参加後、イギリスに留学。日清戦争では、戦艦「浪速《なにわ》」の艦長を務める。日露戦争では、連合艦隊司令長官として日本海海戦を指揮し、「T字戦法」でロシアのバルチック艦隊を破り、日本を勝利に導いた。

綾織　はい。

後世に宿題を残すな

綾織　「日本男児」というところで、最後に一つだけお伺《うかが》いしたいのですが。

司馬遼太郎　うん。

綾織　司馬先生が、司馬遼太郎という名前を名乗られた理由として、生前、「司馬遷《しばせん》には、はるかに及《およ》ばない」と謙遜《けんそん》されていましたが、「それを超《こ》える日本男児たるべし」というように志《こころざし》を立てられたのだとも推察いたします。

●**司馬遷**（紀元前145または135～前86ごろ）　中国前漢時代の歴史家。仕官後、武帝《ぶてい》の巡遊に随行して、全国の戦国諸侯の記録を収集。匈奴《きょうど》に降伏した李陵《りりょう》を弁護したため武帝の怒りを買い、宮刑に処せられるが、父の遺志を継いで『史記』を完成させた。『史記』は、黄帝《こうてい》から武帝までの二千数百年間を記した中国最初の正史。

司馬遼太郎　うん。うん。

綾織　これは、魂《たましい》としても、そういう真実があるのでしょうか。

司馬遼太郎　うん、まあ、そう考えていいんじゃないですか。

綾織　なるほど。

司馬遼太郎　うん。だけど、私は今、中国を助ける気がないから。「日本に使命を果たしてほしい」と思ってるんで。

綾織　はい。

司馬遼太郎　だから、大川総裁の出した本、ズラーッと書棚《しょだな》で見てごらんなさいよ。これ、どれだけの弾《たま》を撃っているかを見たら、やっぱり、この弾を無駄《むだ》にしてないかどうかね。射撃練習場の射撃じゃないんだ。あるいは、道場の弓矢の的《まと》を射ているだけじゃないんだよ。

綾織　はい。

司馬遼太郎　これだけ、もう、何百冊、千冊、二千冊、それ以上の本を撃ち続けている人の、その「維新回天《いしんかいてん》の気持ち」が汲《く》み取れないっていうのはねえ……。

この日本は、それを曖昧模糊《あいまいもこ》として、そしてまた、何と言うのか分からない液体、ドロドロの液体のなかに吸い込んで、時間のなかに消してしまおうとしているんだろう？　それを許しちゃいけないんだよ。逃がすな！

綾織　はい。

司馬遼太郎　うん。彼らを逃がすな。撃滅せよ。やっぱり、やらなきゃ駄目だよ。なあ?

綾織　はい。

司馬遼太郎　「ザ・リバティ」は、産経新聞と共に滅《ほろ》びたりするなよ! ほんとに。

綾織　もう、それは絶対に許されません。

司馬遼太郎　うーん! ちょっとねえ、無念。人一人でも戦えるんだよ。司馬遼太郎一人でも、けっこうねえ、そうとう世論《せろん》は変えたんだがなあ。

綾織　はい。私どもには、もう、これだけの銃弾《じゅうだん》がありますので、これをすべて活かし尽《つ》くして、戦っていきます。

司馬遼太郎　だから、おたくの出版の社長に言ってくれるか？「今の若い二十二、三歳の人が読めんというような司馬遼太郎の本でさえ、二千万部売ったんだから、ちょっとは考えろよ」と言ってくださいよ。

里村　はい。

司馬遼太郎　「それを二千万部売った出版社は、今の幸福の科学より大きくはないぞ」ということは知っといてくださいよ。ねえ？　大きくはないぞ。

綾織・里村　はい。

司馬遼太郎　そして、「司馬遼太郎は大川隆法より偉《えら》くはないぞ」と。それは知っといたほうがいいよ。使命が違《ちが》うもん。私の使命より大きいから、はるかに。

里村　はい。

司馬遼太郎　だから、君らは、後世にねえ、〝宿題〟をいっぱい残すなよ。ええ？何百年後に残すんじゃないよ。

里村　はい。

司馬遼太郎　日本が植民地になったあと、かつてのユダヤみたいになって、「ローマの植民地になったあと、改革運動を起こした人は処刑《しょけい》されて……」みたいな、そんなのを繰《く》り返すんじゃないよ。

里村　はい。

司馬遼太郎　植民地になる前に、キチッと戦いなさいよ。

里村　もう、悔《く》いても悔いても、きりがないものになってしまいますので、今、本当にやってまいります。

救世主一人を十字架《じゅうじか》に架けるな

司馬遼太郎　まあ、はっきり言って、アメリカが今、（北朝鮮に）やるとしたらね、シリアみたいな戦い方じゃ駄目だよ！　あんなので、威嚇《いかく》ぐらいで収まる相手じゃない。もう完全に戦争準備態勢ができているから。反撃能力を持ってるからね。

里村　はい。

司馬遼太郎　だから、向こうの反撃は、それはアメリカにはしないかもしれないけど、アメリカが威嚇攻撃《こうげき》？　トマホークか何かで百発か二百発、北朝鮮に撃ち込んだら、それで恐《おそ》れ、参って、向こうが手を上げるかっていったら、そんなことはないよ。

里村　はい。

司馬遼太郎　それは、韓国《かんこく》や日本に対して〝ぶっ放す〟に決まってるよ、絶対に。

うん。だから、攻撃としてはね、「総攻撃」しかないんですよ、今の戦い方は。

里村　ええ。

司馬遼太郎　把握《はあく》しているすべての軍事施設《しせつ》を同時に……、戦力の逐次《ちくじ》投入じゃ駄目なんだよ！　ちっちゃいのをチョコチョコチョコチョコやって様子を見る、相手の反応を見てやる、みたいなことだったら駄目だ。そうすると、向こうに時間をやって撃たせるから、やるなら全部、全・施・設・を・一・斉・攻・撃するぐらいの気力でやらないかぎり、絶対潰《つぶ》せないんですよ。

これ、半分でも残したら、すっごい被害《ひがい》が出ますから、そのあと。

里村　ええ。ええ。

司馬遼太郎　だから、これがいちばん効果的なんで、そこまでやらなきゃいけない。トランプさんにあんまりフラフラさせたらいけないと、日本からも囂々《ごうごう》たる非難を、「ちゃんと戦え」と。「そうでなければ、もう、日本独自でも戦う」というところまで、世論を盛り上げなきゃ駄目ですよ。

里村　はい。

司馬遼太郎　危ないですよ。本当に危ない。

里村　はい。

司馬遼太郎　もし、向こうが稼《かせ》ごうとしている時間が、「東京オリンピックのあと、トランプの退陣《たいじん》まで」と見ているなら、この三年以内に、少なくとも、日本がちゃんと国防国家として立ち上がれるようにならなきゃ駄目だよ。「(自衛隊海外派遣《はけん》時の）日報に、『戦闘《せんとう》』があったか、なかったか」みたいなことを延々と国会でやるようなあれじゃなくてねえ、「日本独自ででも戦いますよ」と。台湾《たいわん》だってやってるんだから。

里村　『司馬先生は、六年前（二〇一二年）の霊言《れいげん》（前掲《ぜんけい》『司馬遼太郎なら、この国の未来をどう見るか』）では、「あと十年」とおっしゃっていましたが、すでに六年が無為《むい》に過ぎてしまい、あと……。

司馬遼太郎　うん。だから、もう、もう、もう三年、四年だよ。ねえ？

里村　ええ。

司馬遼太郎（国防）予算がつけられないようにさせて、あれもするんでしょう？　アメリカの兵器も買えないようにして、それで、「韓国が主導権を持って、韓国の大統領が〝平和・対話主義〟をやっている。これについていこう」みたいな運動になるんだろ？　どうせ、朝日言論人たちの意見は。ね？　「韓国の大統領に、ついていこう」と。

里村　そういうことです。

司馬遼太郎「ついていこう。対話ですべてを片付けていこう」とね。

里村　〝奴隷《どれい》の平和〟のほうに、どんどん……。

司馬遼太郎　そうです。だから、これは駄目だ。

里村　ええ。

司馬遼太郎　今の〝ヒットラー〟的に攻め込まれて、〝チャーチル〟が出てくるっていうんじゃ遅《おそ》いから。それよりもっと前に、もう、予言で出てきているんだからさあ、準備しろよ。

里村　はい。私ども、神の言葉、司馬先生の英雄《えいゆう》のお言葉を伝えると同時に、それを止める勢力とも戦い、そして、英雄精神を体現して、これから戦ってまいります。

司馬遼太郎　〝悪魔《あくま》の棟梁《とうりょう》〟と〝悪魔の国家〟。これを潰したって、神は拍手《はくしゅ》されることはあっても、あなたがたを非難はなされません。いいかい？

里村　はい。

司馬遼太郎　だから、君らの「神秘の法」のアニメ映画（二〇一二年十月公開／製作総指揮・大川隆法）か何か、なあ？　賞を取ったのか知らんけどさあ。救世主一人、十字架《じゅうじか》に架けて終わりにするなよ。ええ？

里村　はい。

司馬遼太郎　そんなみっともないこと、するんじゃないよ。ねえ？　やっぱり、ちゃんと戦いなさいよ。

里村　はい。悪の帝国《ていこく》を滅ぼし、この国をしっかりと護《まも》るために、これからも戦ってまいります。頑張ってまいります。

司馬遼太郎　アメリカも、あんなに左翼が強いんだからさあ、「日本みたいなちっぽけな国を護るために、なんで、アメリカ人がＩＣＢＭ（大陸間弾道ミサイル）を受ける危機を甘受《かんじゅ》しなきゃいけないか」って言って議論になるんだからさあ。

里村　ええ。

司馬遼太郎　これはねえ、いやあ、半分信じてもいいけど、半分は信じないほうが、いいんじゃないか。日本が戦う気じゃなかったら、トランプだって戦えない可能性のほうが高い。

「日本が戦うっていうのなら、それは、われわれも力を合わせてやりますけれども、日本が逃げていて、『お願いします』だけでは、やっていられない」っていう議論に負けちゃうかもしれないから。な？

里村　はい。

司馬遼太郎　まだ現在進行形だけどね。「五月あるいは六月上旬《じょうじゅん》までに北朝鮮と話し合う」とか言ってるけど、話し合う場所を決めたら、そこで金正恩《キムジョンウン》を暗殺するぐらいじゃなきゃ駄目だぜ！

里村　今の司馬先生のお言葉は、この五月、六月だけの話ではなくて、本当に、未来の日本人にとってもずっと必要なお言葉です。

司馬遼太郎　うん、うん。金正恩なんて、もう、居場所をどこか特定できたらねえ、即《そく》……、今、空中を飛ぶ、あれは何だ……。

里村　ドローンですか。

司馬遼太郎　ドローン。ドローン攻撃で、十メートル四方ぐらいにいるやつは全滅できるんでしょう？

里村　はい。

司馬遼太郎　高度何千メートルから、ねえ？　だから、「列車で移動したい」って言ってるんだから、その列車に当ててやれよ。それで終わりだよ。

その次、継《つ》ぐやつがいたら、それも全部潰してしまうんだよ。とにかく、国民は二千万人以上残るんだから、新しい国家をつくらせたらいいんだよ。

里村　はい。

司馬遼太郎　韓国の大統領も信じちゃ駄目だよ、これ。これに主導権を握《にぎ》らせて、それを応援《おうえん》するような日本のマスコミは、全部、これ、ファシズムに巻き込まれていくよ、またしても。

里村　はい。

司馬遼太郎　絶対、乗るな。

里村　はい。今日のお言葉を、日本国民のみならず、アメリカ、また、世界中の方々に伝え広め、そして、実現させてまいります。

産経新聞は第一面に「司馬降臨《こうりん》」と載《の》せよ

司馬遼太郎　産経新聞も、もう、ちょっと情けないなあ。広告代金ばかり取るのを考えないで、「司馬遼太郎、降臨《こうりん》」と、こう、一面に載《の》せるぐらいやらないと、産経じゃないなあ。

里村　そういうふうになるように、われわれも頑張ってまいります。

司馬遼太郎　うん。それはニュースでしょう?

里村　はい。

司馬遼太郎　だから、幸福の科学出版の広告代金を取ろうとばっかり考えているっていうのは、もう、これはねえ。こんなせっこいことで、どうするか！　新聞人の使命はそんなもんじゃないだろうが！　朝日の販売店《はんばい》が潰れてるぐらいで喜んじゃ駄目だよ！　ねえ？　やっぱりねえ、頑張れよ！

そう言っといてくれ。

里村　世界の維新回天のために頑張ってまいります。

司馬遼太郎　うん。はい。

里村　今日は、本当に長い時間、ありがとうございました。

司馬遼太郎　いいか？　はい。

綾織　ありがとうございます。

吉川　ありがとうございました。

里村　たいへん貴重なお言葉、ありがとうございました！

12　急速に弱っている保守に元気を！

大川隆法　はい、どうもありがとうございました（手を二回叩《たた》く）。しばらくはこの方向で、〝焼き〟を入れないといけませんね。

里村　ええ。

大川隆法　幸福実現党は九年目ですか？

里村　はい。

大川隆法　これは、もう一回焼きを入れないと。世間《せけん》の人はみな、政党が消滅《しょうめつ》するのを待っているのではありませんか。

里村　いや、もう、そのときは、「幸福実現党のみならず、日本の消滅にもなる」ということが、今日の司馬先生のお言葉で分かりました。

大川隆法　いやあ、この人は言論でしか言えないから、こんな感じでしたけれども。私たちもかすかな〝兵力〟ではありますが、明治維新《いしん》の前には、長州藩《ちょうしゅうはん》が幕府と戦って勝てるとは思えなかった時代があるわけです。

里村　はい。

大川隆法　「一藩が幕府に勝てるわけがないじゃないか」と思われていて、長州なんか幕府にさんざんにやられて、国内はガタガタになった。
その長州が薩摩《さつま》と同盟を結んで戦ったのだから、そこから思えば、今見えているのは、こけおどしの権力かもしれませんよ。

里村　はい。

大川隆法　実は〝蜃気楼《しんきろう》〟であって、「何ら実体がない」ものかもしれないですから。

里村　ええ。

大川隆法　こちらが本当に真剣《しんけん》になれば、道は拓《ひら》けるかもしれませんね。

里村　はい。臆《おく》することなく、前に向かってまいります。

大川隆法　「あんまりいい人にならないように、ちょっと〝キ印《じるし》〟を入れておけ」とのことでしたね。

里村　はい。

大川隆法　いっそ、「キ印のお守り」か何か出しましょうかね。

里村　（笑）ありがとうございます。

大川隆法　「私たち、コレですので。正心宝《しょうしんほう》はその裏にあります」とね。

里村　背水《はいすい》の陣《じん》で臨《のぞ》んでまいります。

大川隆法　今、必要な言葉だったように思います。

里村　はい。

大川隆法　急速に保守系の勢力が弱っているということでしょうね。

里村　そうですね。

大川隆法　まあ、頑張《がんば》っていきましょう。

質問者一同　ありがとうございました。

あとがき

北朝鮮は、完全武装解除されなくてはならない。さもなくば平和への道は開けまい。部分的譲歩の交渉を続けて、一時的「先のばし」を政治的成果のように米国政府や日本国政府が発表するようであっては、世界史の流れは、悪《あ》しき方向にしか流れまい。

北の核開発施設、実験基地、長距離・中距離・短距離弾道ミサイル基地、施設、装備も、完全放棄《ほうき》ないし、潰滅《かいめつ》させる以外、選択肢《せんたくし》はない。化学兵器、生物兵器も残してはならない。また他国を電子攻撃できるシステムも完全破壊しなくてはならない。攻撃機、潜水艦、戦車、大砲等も見逃してはならない。

今が正念場《しょうねんば》である。愛国の武士道精神が必要である。

二〇一八年　四月二十五日

幸福《こうふく》の科学《かがく》グループ創始者兼総裁《そうししゃけんそうさい》　大川隆法《おおかわりゅうほう》

『司馬遼太郎　愛国心を語る』大川隆法著作関連書籍

『信仰の法』（幸福の科学出版刊）
『悟りに到る道』（同右）
『司馬遼太郎なら、この国の未来をどう見るか』（同右）
『文在寅守護霊 vs. 金正恩守護霊』（同右）
『文在寅　韓国新大統領守護霊インタビュー』（同右）
『緊急守護霊インタビュー　金正恩 vs. ドナルド・トランプ』（同右）
『秦の始皇帝の霊言　2100　中国・世界帝国への戦略』（同右）
『渡部昇一　日本への申し送り事項　死後21時間、復活のメッセージ』（同右）
『宮澤喜一　元総理の霊言』（幸福実現党刊）

司馬遼太郎《しばりょうたろう》　愛国心《あいこくしん》を語《かた》る

2018年 4 月26日　初版第 1 刷
2018年 4 月28日　　　第 2 刷

著　者　大《おお》 川《かわ》 隆《りゅう》 法《ほう》

発行所　幸福の科学出版株式会社
〒107-0052 東京都港区赤坂 2 丁目 10 番 14 号
TEL(03)5573-7700
http://www.irhpress.co.jp/
印刷・製本　株式会社 研文社

落丁・乱丁本はおとりかえいたします
©Ryuho Okawa 2018. Printed in Japan. 検印省略
ISBN978-4-86395-996-5 C0030

カバー写真：朝鮮通信＝時事／ AFP ＝時事／ EPA ＝時事
本文写真：p.21,PlusMinus ／ Tamago915 ／時事
装丁・写真（上記・パブリックドメインを除く）© 幸福の科学

大川隆法シリーズ・**最新刊**

宗教者の条件

「真実」と「誠」を求めつづける生き方

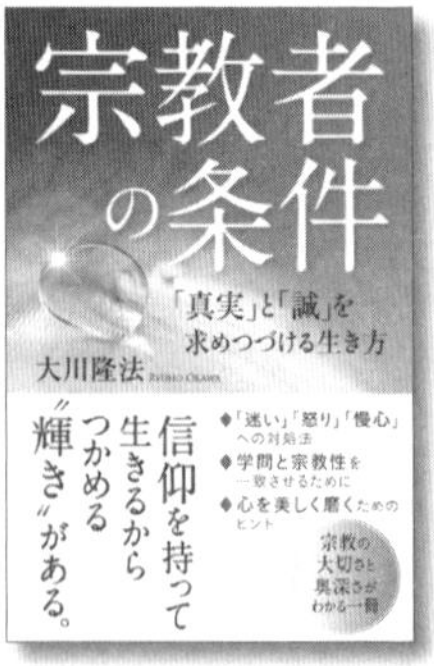

宗教者にとっての成功とは何か──。「心の清らかさ」や「学徳」、「慢心から身を護る術」など、形骸化した宗教界に生命を与える、宗教者必見の一冊。

1,600円

心が豊かになる法則

幸福とは猫のしっぽのようなもの──「人格の形成」と「よき習慣づくり」をすれば、成功はあとからついてくる。人生が好転する必見のリバウンド法。

1,500円

知られざる天才作曲家 水澤有一「神秘の音楽」を語る

古代文明の旋律、霊界の調べ、邪気を祓う"結界"音楽──。幸福の科学の音楽を手がける天才作曲家が、現代芸術の常識を覆す、五感を超えた音楽論を語る。

1,400円

※表示価格は本体価格(税別)です。

大川隆法 霊言シリーズ・中国・朝鮮半島の未来を読む

文在寅守護霊 vs. 金正恩守護霊

南北対話の本心を読む

南北首脳会談で北朝鮮は非核化されるのか？　南北統一、対日米戦略など、対話路線で世界を欺く両首脳の本心とは。外交戦略を見直すための警鐘の一冊。

1,400円

緊急守護霊インタビュー 金正恩 vs. ドナルド・トランプ

英語霊言 日本語訳付き

二人の守護霊を直撃。挑発を繰り返す北朝鮮の「シナリオ」とは。米大統領の「本心」と「決断」とは。北朝鮮情勢のトップシークレットが、この一冊に。

1,400円

文在寅 韓国新大統領 守護霊インタビュー

韓国が「東アジアの新たな火種」となる!? 文在寅新大統領の驚くべき本心と、その国家戦略が明らかに。「ムッソリーニの霊言」を特別収録。

1,400円

大川隆法 霊言シリーズ・中国・ロシアの未来を読む

秦の始皇帝の霊言 2100 中国・世界帝国への戦略

ヨーロッパ、中東、インド、ロシアも支配下に!? 緊迫する北朝鮮危機のなか、次の覇権国家を目指す中国の野望に、世界はどう立ち向かうべきか。

1,400円

中国と習近平に未来はあるか

反日デモの謎を解く

「反日デモ」も、「反原発・沖縄基地問題」も中国が仕組んだ日本占領への布石だった。緊迫する日中関係の未来を習近平氏守護霊に問う。【幸福実現党刊】

1,400円

ロシアの本音 プーチン大統領守護霊 vs.大川裕太

「安倍首相との交渉は、"ゼロ"に戻った」。日露首脳会談が失敗に終わった真相、そして「日露平和条約締結」の意義をプーチン守護霊が本音で語る。

1,400円

※表示価格は本体価格(税別)です。

大川隆法霊言シリーズ・保守の言論人・作家に訊く

司馬遼太郎なら、この国の未来をどう見るか

現代日本に求められる人材とは。〝維新の志士〟は今、どう戦うべきか。国民的作家・司馬遼太郎が日本人へ檄を飛ばす！

1,300円

天才作家 三島由紀夫の描く 死後の世界

あの壮絶な死から約40年――。自決の真相、死後の行き先、国家存亡の危機に瀕する現代日本に何を思うのか。ついに明かされる三島由紀夫の本心。

1,400円

渡部昇一 日本への申し送り事項 死後21時間、復活のメッセージ

「知的生活」の伝道師として、また「日本の誇りを取り戻せ」運動の旗手として活躍してきた「保守言論界の巨人」が、日本人に託した遺言。

1,400円

幸福の科学出版

大川隆法 霊言シリーズ・維新の英雄たちに訊く

坂本龍馬 天下を斬る!
日本を救う維新の気概

日本国憲法は「廃憲」し、新しく「創憲」せよ! 混迷する政局からマスコミの問題点まで、再び降臨した坂本龍馬が、現代日本を一刀両断する。【幸福実現党刊】

1,400円

吉田松陰「現代の教育論・人材論」を語る

「教育者の使命は、一人ひとりの心のロウソクに火を灯すこと」。維新の志士たちを数多く育てた偉大な教育者・吉田松陰の「魂のメッセージ」!

1,500円

政治家の正義と徳 西郷隆盛の霊言

維新三傑の一人・西郷隆盛が、「財政赤字」や「政治不信」、「オバマの非核化宣言」を一喝する。信義と正義を貫く政治を示した、日本人必読の一冊。

1,400円

※表示価格は本体価格(税別)です。

大川隆法ベストセラーズ・国を守る気概を取り戻す

日本建国の原点

この国に誇りと自信を

二千年以上もつづく統一国家を育んできた神々の思いとは——。著者が日本神道・縁《ゆかり》の地で語った「日本の誇り」と「愛国心」がこの一冊に。

1,800円

危機のリーダーシップ

いま問われる政治家の資質と信念

党利党略や、ポピュリズム、嘘とごまかしばかりの政治は、もう要らない。国家存亡の危機にある今の日本に必要な「リーダーの条件」とは何か？

1,500円

国家繁栄の条件

「国防意識」と「経営マインド」の強化を

現在の国防危機や憲法問題を招いた「吉田ドクトリン」からの脱却や、国家運営における「経営の視点」の必要性など、「日本の進む道」を指し示す。

1,500円

幸福の科学出版

大川隆法「法シリーズ」・**最新刊**

信仰の法

法シリーズ
第24作

地球神エル・カンターレとは

さまざまな民族や宗教の違いを超えて、
地球をひとつに──。
文明の重大な岐路に立つ人類へ、
「地球神」からのメッセージ。

第1章　信じる力
── 人生と世界の新しい現実を創り出す

第2章　愛から始まる
──「人生の問題集」を解き、「人生学のプロ」になる

第3章　未来への扉
── 人生三万日を世界のために使って生きる

第4章　「日本発世界宗教」が地球を救う
── この星から紛争をなくすための国造りを

第5章　地球神への信仰とは何か
── 新しい地球創世記の時代を生きる

第6章　人類の選択
── 地球神の下に自由と民主主義を掲げよ

2,000円（税別）　幸福の科学出版

さらば青春、されど青春。
努力を重ねた平凡な日々も。
大切な人と過ごした時間も。
ただひとり眠れぬ夜も——。
いつも、“何か”を求めていた。
あなたを信じて、ほんとうによかった。
製作総指揮・原案／大川隆法
大川宏洋　千眼美子
石橋保　芦川よしみ　日向丈　山田明郷　野久保直樹
長谷川奈央　梅崎快人　伊良子未來　希島凛　ビートきよし　大浦龍宇一　高杉亘　木下ほうか
監督／赤羽博　音楽／水澤有一　製作／幸福の科学出版　製作協力／ニュースター・プロダクション　アリ・プロダクション
制作プロダクション／ジャンゴフィルム　配給／日活　配給協力／東京テアトル　©2018 IRH Press
5月12日(土)ロードショー
saraba-saredo.jp

幸福の科学グループのご案内

宗教、教育、政治、出版などの活動を通じて、地球的ユートピアの実現を目指しています。

幸福の科学

一九八六年に立宗。信仰の対象は、地球系霊団の最高大霊、主エル・カンターレ。世界百カ国以上の国々に信者を持ち、全人類救済という尊い使命のもと、信者は、「愛」と「悟り」と「ユートピア建設」の教えの実践、伝道に励んでいます。

（二〇一八年四月現在）

愛

幸福の科学の「愛」とは、与える愛です。これは、仏教の慈悲《じひ》や布施《ふせ》の精神と同じことです。信者は、仏法真理をお伝えすることを通して、多くの方に幸福な人生を送っていただくための活動に励んでいます。

悟り

「悟り」とは、自らが仏の子であることを知るということです。教学《きょうがく》や精神統一によって心を磨き、智《ち》慧《え》を得て悩みを解決すると共に、天使・菩薩《ぼさつ》の境地を目指し、より多くの人を救える力を身につけていきます。

ユートピア建設

私たち人間は、地上に理想世界を建設するという尊い使命を持って生まれてきています。社会の悪を押しとどめ、善を推し進めるために、信者はさまざまな活動に積極的に参加しています。

国内外の世界で貧困や災害、心の病で苦しんでいる人々に対しては、現地メンバーや支援団体と連携して、物心両面にわたり、あらゆる手段で手を差し伸べています。

年間約３万人の自殺者を減らすため、全国各地で街頭キャンペーンを展開しています。

公式サイト **www.withyou-hs.net**

ヘレン・ケラーを理想として活動する、ハンディキャップを持つ方とボランティアの会です。視聴覚障害者、肢体不自由な方々に仏法真理を学んでいただくための、さまざまなサポートをしています。

公式サイト **www.helen-hs.net**

入会のご案内

幸福の科学では、大川隆法総裁が説く仏法真理《ぶっぽうしんり》をもとに、「どうすれば幸福になれるのか、また、他の人を幸福にできるのか」を学び、実践しています。

入会

仏法真理を学んでみたい方へ

大川隆法総裁の教えを信じ、学ぼうとする方なら、どなたでも入会できます。入会された方には、『入会版「正心法語」』が授与されます。

ネット入会　入会ご希望の方はネットからも入会できます。
happy-science.jp/joinus

三帰《さんき》誓願《せいがん》

信仰をさらに深めたい方へ

仏弟子としてさらに信仰を深めたい方は、仏《ぶっ》・法《ぽう》・僧《そう》の三宝《さんぼう》への帰依を誓う「三帰誓願式」を受けることができます。三帰誓願者には、『仏説・正心法語《しょうしんほうご》』『祈願文《きがんもん》①』『祈願文②』『エル・カンターレへの祈り』が授与されます。

幸福の科学 サービスセンター
TEL 03-5793-1727（受付時間／火～金：10～20時　土・日祝：10～18時）

幸福の科学 公式サイト
happy-science.jp

ハッピー・サイエンス・ユニバーシティ

Happy Science University

教育

ハッピー・サイエンス・ユニバーシティとは

ハッピー・サイエンス・ユニバーシティ(HSU)は、大川隆法総裁が設立された「現代の松下村塾」であり、「日本発の本格私学」です。建学の精神として「幸福の探究と新文明の創造」を掲げ、チャレンジ精神にあふれ、新時代を切り拓く人材の輩出を目指します。

学部のご案内

人間幸福学部

人間学を学び、新時代を切り拓くリーダーとなる

経営成功学部

企業や国家の繁栄を実現する、起業家精神あふれる人材となる

未来産業学部

新文明の源流を創造するチャレンジャーとなる

HSU長生キャンパス
〒299-4325
千葉県長生郡長生村一松丙 4427-1
TEL 0475-32-7770

未来創造学部

時代を変え、未来を創る主役となる

政治家やジャーナリスト、ライター、俳優・タレントなどのスター、映画監督・脚本家などのクリエーター人材を育てます。4年制と短期特進課程があります。

・4年制
1年次は長生キャンパスで授業を行い、2年次以降は東京キャンパスで授業を行います。

・短期特進課程(2年制)
1年次・2年次ともに東京キャンパスで授業を行います。

HSU未来創造・東京キャンパス
〒136-0076
東京都江東区南砂2-6-5
TEL 03-3699-7707

学校法人
幸福の科学学園

学校法人 幸福の科学学園は、幸福の科学の教育理念のもとにつくられた教育機関です。人間にとって最も大切な宗教教育の導入を通じて精神性を高めながら、ユートピア建設に貢献する人材輩出を目指しています。

幸福の科学学園

中学校・高等学校（那須本校）
2010年4月開校・栃木県那須郡（男女共学・全寮制）
TEL **0287-75-7777**
公式サイト **happy-science.ac.jp**

関西中学校・高等学校（関西校）
2013年4月開校・滋賀県大津市（男女共学・寮及び通学）
TEL **077-573-7774**
公式サイト **kansai.happy-science.ac.jp**

仏法真理塾「サクセスNo.1」 TEL **03-5750-0747**（東京本校）
小・中・高校生が、信仰教育を基礎にしながら、「勉強も『心の修行』」と考えて学んでいます。

不登校児支援スクール「ネバー・マインド」 TEL **03-5750-1741**
心の面からのアプローチを重視して、不登校の子供たちを支援しています。
また、障害児支援の**「ユー・アー・エンゼル!」運動**も行っています。

エンゼルプランV TEL **03-5750-0757**
幼少時からの心の教育を大切にして、信仰をベースにした幼児教育を行っています。

シニア・プラン21 TEL **03-6384-0778**
希望に満ちた生涯現役人生のために、年齢を問わず、多くの方が学んでいます。

NPO 活動支援

学校からのいじめ追放を目指し、さまざまな社会提言をしています。また、各地でのシンポジウムや学校への啓発ポスター掲示等に取り組む一般財団法人「いじめから子供を守ろうネットワーク」を支援しています。

ブログ **blog.mamoro.org**
公式サイト **mamoro.org**
相談窓口 **TEL.03-5719-2170**

政治

幸福実現党

内憂外患《ないゆうがいかん》の国難に立ち向かうべく、2009年5月に幸福実現党を立党しました。創立者である大川隆法党総裁の精神的指導のもと、宗教だけでは解決できない問題に取り組み、幸福を具体化するための力になっています。

幸福実現党 釈量子サイト
shaku-ryoko.net

Twitter
釈量子@shakuryoko
で検索

党の機関紙
「幸福実現NEWS」

幸福実現党　党員募集中

あなたも幸福を実現する政治に参画しませんか。

○幸福実現党の理念と綱領、政策に賛同する18歳以上の方なら、どなたでも参加いただけます。
○党費:正党員（年額5千円［学生 年額2千円］)、特別党員（年額10万円以上)、家族党員（年額2千円）
○党員資格は党費を入金された日から1年間です。
○正党員、特別党員の皆様には機関紙「幸福実現NEWS(党員版)」が送付されます。

＊申込書は、下記、幸福実現党公式サイトでダウンロードできます。
住所:〒107-0052　東京都港区赤坂2-10-8 6階 幸福実現党本部
TEL **03-6441-0754**　FAX **03-6441-0764**
公式サイト **hr-party.jp**　若者向け政治サイト **truthyouth.jp**

幸福の科学出版

出版メディア事業

大川隆法総裁の仏法真理の書を中心に、ビジネス、自己啓発、小説など、さまざまなジャンルの書籍・雑誌を出版しています。他にも、映画事業、文学・学術発展のための振興事業、テレビ・ラジオ番組の提供など、幸福の科学文化を広げる事業を行っています。

アー・ユー・ハッピー？
are-you-happy.com

ザ・リバティ
the-liberty.com

幸福の科学出版
TEL **03-5573-7700**
公式サイト **irhpress.co.jp**

THE FACT

ザ・ファクト
マスコミが報道しない「事実」を世界に伝えるネット・オピニオン番組

Youtubeにて随時好評配信中！

ザ・ファクト 検索

芸能文化事業

NEW STAR PRODUCTION

ニュースター・プロダクション

「新時代の“美しさ”」を創造する芸能プロダクションです。2016年3月に映画「天使に“アイム・ファイン”」を、2017年5月には映画「君のまなざし」を公開しています。

公式サイト **newstarpro.co.jp**

ARI Production

ARI《アリ》 Production《プロダクション》

タレント一人ひとりの個性や魅力を引き出し、「新時代を創造するエンターテインメント」をコンセプトに、世の中に精神的価値のある作品を提供していく芸能プロダクションです。

公式サイト **aripro.co.jp**

大川隆法　講演会のご案内

大川隆法総裁の講演会が全国各地で開催されています。
講演のなかでは、毎回、「世界教師」としての立場から、幸福な人生を生きるための心の教えをはじめ、世界各地で起きている宗教対立、紛争、国際政治や経済といった時事問題に対する指針など、日本と世界がさらなる繁栄の未来を実現するための道筋が示されています。

2017年8月2日 東京ドーム「人類の選択」

2017年5月14日 ロームシアター京都「永遠なるものを求めて」

2017年4月23日 高知県立県民体育館「人生を深く生きる」

2018年2月3日 都城市総合文化ホール(宮崎県)「情熱の高め方」

2017年12月7日 幕張メッセ(千葉県)「愛を広げる力」

講演会には、どなたでもご参加いただけます。
最新の講演会の開催情報はこちらへ。⟹

大川隆法総裁公式サイト
https://ryuho-okawa.org